GEORG WILHELM FRIEDRICH HEGEL

System der Sittlichkeit
[Critik des Fichteschen Naturrechts]

Mit einer Einleitung von

Kurt Rainer Meist

herausgegeben von

Horst D. Brandt

FELIX MEINER VERLAG
HAMBURG

PHILOSOPHISCHE BIBLIOTHEK BAND 457

Die vorliegende Ausgabe beruht auf dem Text der kritischen Edition G.W.F. Hegel, Gesammelte Werke, Band 5, herausgegeben von Manfred Baum und Kurt Rainer Meist unter Mitwirkung von Theodor Ebert (1998). Die Verwendung des Textes der kritischen Edition erfolgt mit freundlicher Genehmigung der Nordrhein-Westfälischen Akademie der Wissenschaften, Düsseldorf.

Die Deutsche Bibliothek – CIP-Einheitsaufnahme

Hegel, Georg Wilhelm Friedrich: System der Sittlichkeit : (Critik des Fichteschen Naturrechts) / Georg Wilhelm Friedrich Hegel. Mit einer Einl. von Kurt Rainer Meist. Hrsg. von Horst D. Brandt. – Hamburg : Meiner, 2002
(Philosophische Bibliothek ; 457)
ISBN 3-7873-1114-9

 Satz: Kusel, Hamburg. Druck: Carstens, Schneverdingen. Bindung: Labove, Uelzen. Einbandgestaltung: Jens Peter Mardersteig. Werkdruckpapier: alterungsbeständig nach ANSI-Norm resp. DIN-ISO 9706, hergestellt aus 100% chlorfrei gebleichtem Zellstoff. Printed in Germany.

INHALT

VORBEMERKUNG DES HERAUSGEBERS

Die erste vollständige Edition des von Karl Rosenkranz mit »System der Sittlichkeit« überschriebenen Reinschriftentwurfs aus Hegels Nachlaß erfolgte durch Georg Lasson (in: G.W.F. Hegel, Sämtliche Werke, Bd. 7: Schriften zur Politik und Rechtsphilosophie, Leipzig 1913, S. 415–499).

Die vorliegende Studienausgabe ist eine völlige Neuausgabe auf der Grundlage der historisch-kritischen Edition des Textes in: G.W.F. Hegel, Gesammelte Werke, Bd. 5: Schriften und Entwürfe 1799–1808. Unter Mitarbeit von Theodor Ebert herausgegeben von Manfred Baum und Kurt Rainer Meist, Verfasser des Anhangs Kurt Rainer Meist, Hamburg 1998, S. 279–361.

Die im Anhang von GW 5 enthaltenen editorischen Berichtsteile über das »System der Sittlichkeit« bieten neben der Beschreibung des Manuskripts auch eine ins Einzelne gehende Erörterung der Entstehungsgechichte des Hegelschen Manuskripts, deren Argumentation von Kurt Rainer Meist auch in seiner Einleitung zu dieser Studienausgabe herangezogen wird. Anhand des textkritischen Befundes und der Auswertung der überlieferungsgeschichtlichen Tatsachen gelangt er zu einer gänzlichen Neubewertung des 1802/03 abgefaßten Reinschriftentwurfs, der entgegen den Annahmen von Rosenkranz und Haym als Vorlage für eine eigenständige, jedoch dann nicht mehr realisierte Publikation zur »Critik des Fichteschen Naturrechts« gelesen werden muß.

Für diese Ausgabe wurden Orthographie und Interpunktion des Originals unter Wahrung des Lautstandes den heutigen Normen angeglichen; Zusätze und Korrekturen des Herausgebers stehen in eckigen Klammern [ ]. Die Trennstriche im fortlaufenden Text bezeichnen den Seitenwechsel in den Gesammelten Werken, Bd. 5, die Seitenzahlen werden im Kolumnentitel jeweils innenstehend mitgeteilt.

Horst D. Brandt

EINLEITUNG

von

Kurt Rainer Meist

Zur falschen Datierung und Fehleinschätzung der Schrift durch Karl Rosenkranz und Rudolf Haym

Bei seiner ersten Beschreibung des »Systems der Sittlichkeit« hat Rosenkranz dem Text nicht allein den heute geläufigen Titel verliehen, sondern ihn auch einem von ihm fiktional rekonstruierten frühesten Systementwurf zugewiesen, dessen Entstehung er fälschlich in die Frankfurter Zeit Hegels und d. h. vor Aufnahme der Lehrtätigkeit zu Jena seit dem WS 1801/02 datierte. Wohl erkannte er aus der Beschaffenheit des Manuskripts, daß dieses allerdings mit Sicherheit einer frühen Entwicklungsstufe des Hegelschen Systems angehören muß, insofern das vorliegende Reinschriftkonzept eine systematische Ausarbeitung der »Sittlichkeit« oder des nachmals so benannten »objektiven Geistes« darbietet, welche in signifikanten Einzelzügen z. T. beträchtlich von der wenige Zeit später ausgebildeten Systemkonzeption und erst recht den reifen Versionen aus der Heidelberger und Berliner Phase abweicht. Indessen hat sich Rosenkranz' Konstruktion eines während der Frankfurter Lebensepoche ausgebildeten Systemansatzes im Lichte der neueren Forschung auf der Grundlage von H. Kimmerles richtungsweisenden Analysen der buchstabenstatistischen Chronologie als schlechterdings unhaltbar erwiesen. Das gilt vor allem für die nunmehr definitive zeitliche Zuweisung der großen Jenaer Systementwürfe und am Leitfaden dieser Ordnung auch für die entwicklungsgeschichtliche Zuordnung der übrigen Materialien aus dem handschriftlichen Bestand in Hegels Nachlaß.

Die buchstabenstatistische Analyse von H. Kimmerle verweist die Entstehung des Textes mit zwingenden Argumenten in die Zeit des Herbstes 1802, zu welcher Datierung auch die weiter unten zu erörternden Argumente und Indizien aus lebensgeschichtlichen Anhaltspunkten stimmen. Dadurch wird jedoch – wie sogleich zu zeigen sein wird – auch eine Umkehrung gewisser inhaltlicher Bezugnahmen bzw. Verhältnisbestimmungen in

Kraft gesetzt, die Rosenkranz im Ausgang von seiner fehlgehenden Datierung bezüglich anderer (verschollener) Texte aus Hegels Jenaer Zeit bei seiner referierenden Darlegung und Beschreibung der fraglichen Niederschriften (Konvolut der speziellen Naturrechtsvorlesung) teils durch einzelne Zitate und teils durch inhaltliche Wiedergaben jener heute vermißten Niederschriften als aufschlußreiche Anhaltspunkte bietet.

Demgegenüber ist R. Haym unter Verweis auf die unverkennbaren inhaltlichen Einflüsse der Schellingschen Philosophie vergleichsweise zutreffender der heute anerkannten Datierung des Textes nahegekommen, indem er das »System der Sittlichkeit« seiner Entstehung nach in die Zeit von Hegels und Schellings Zusammenarbeit (Sommer 1801 – Frühjahr 1803) in Jena verwies und dergestalt Rosenkranz nachdrücklich widersprach.

Unangesehen der polemischen Kritik Hayms hielt dieser wie zuvor Rosenkranz aber an der Überzeugung fest, daß der vorliegende Text in seiner Entstehung und Zielsetzung als konkret ausgearbeiteter Teil von Hegels Plan zu erkennen sei, einen umfassenden philosophischen Systementwurf auszubilden, dessen Umrisse mehr oder weniger mit dem nachmals publizierten Konzept des reifen Systems übereinkommen mußte. Nach Rosenkranz' Überzeugung vertrat das »System der Sittlichkeit« in dieser – lediglich von ihm postulierten – frühesten und ersten Systemkonzeption die Funktionsstelle des »objektiven Geistes«. Doch der vorliegende Text bildete darin keine selbständige Darlegung wie beispielsweise die spätere gesonderte Publikation der »Grundlinien der Philosophie des Rechts« als Seitenstück der enzyklopädischen Darstellung des gesamten Systems der Philosophie. Diese beiden Autoren gemeinsame Überzeugung ist insofern von ausschlaggebender Bedeutung, als Rosenkranz ebenso wie Haym jeweils einen mehr oder weniger ausführlichen Vergleich zwischen dem vorliegenden Reinschriftentwurf und den davon ausdrücklich unterschiedenen Vorlesungsmaterialien über Naturrecht unternahm und eine Verhältnisbestimmung zwischen beiden Texten bietet, deren urteilende Pointierung unangesehen des veränderten chronologischen Erkenntnisstandes (hinsichtlich des »Systems der Sittlichkeit«) auch für uns einen ausschlaggebenden Aufschluß an die Hand geben.

Auch wenn nämlich die Tatsache zugrundezulegen ist, daß die

Datierung des Textes heute einen weit späteren Entstehungszeitpunkt vorzeichnet, als jeweils von Rosenkranz und Haym in Betracht gezogen worden war, können einzig die Angaben und Beschreibungen beider Überlieferungszeugen irgendeine Auskunft und Einsicht bezüglich der daraus resultierenden Frage vermitteln, in welchem Sinne die Ausarbeitung dieses Reinschriftentwurfs den systematischen Darlegungen in dem leider gänzlich verschollenen Konvolut über das Naturrecht verpflichtet zu denken sei.

Vor allem Hayms Argumentation wird dabei von der Berücksichtigung des Umstandes geleitet, daß Hegel nach seiner Habilitation als Privatdozent der Philosophie an der Universität Jena seit dem SS 1802 im Laufe der nächstfolgenden Jenaer Jahre den gesamten Vortrag der Philosophie im wesentlichen auf zwei thematisch und sachlich voneinander gesonderte Vorlesungszyklen stützte. Hegel las seit dem SS 1802 in den folgenden Semestern regelmäßig einerseits über »Logik und Metaphysik«, während ein zweiter Zyklus dem »Naturrecht« gewidmet war.

Diese Einteilung seines systematischen Vortrages des »Systems der Philosophie« während der Jenaer Zeit ist keine originelle Invention des Privatdozenten gewesen. Sie entsprach vielmehr einer Gewohnheit der Zeit bzw. einer üblichen, wiewohl nicht zwingend vorgeschriebenen Differenzierung, die auch andere Dozenten und Professoren der Philosophie zu Jena beobachteten. Im Falle Hegels bleibt jedoch zu vermerken, daß er bei seinem Vortrag abweichend von den Chancen der meisten seiner (älteren) Kollegen zu Beginn seiner Vorlesungstätigkeit wie auch im weiteren Verlauf der Jenaer Jahre bis zum Erscheinen der »Phänomenologie des Geistes« keine Buchpublikation seines Vorlesungsstoffes zugrundelegen konnte. Während andere Professoren ihren Studenten nach dem Brauch der Zeit ihre einschlägige Vorlesung als Druckpublikation an die Hand gaben, um in der Vorlesung die einschlägig angezogenen Paragraphen des Textes mündlich zu erläutern, mußte Hegel in jedem Semester »ex dictatis« dozieren, d. h. er trug seine Gedanken aus einem handschriftlichen Vorlesungsmanuskript vor, indem er die Angelpunkte seiner Darlegungen in die Feder der Studenten »diktierte« und daran anschließend näher ausführen konnte.

Die Ankündigung von Hegels Vorlesungen über »Naturrecht« lautete für das SS 1802 »jus naturae civitatis et gentium ex dictatis«. Diese Titelei konnte in den folgenden Semestern auch abgeändert werden zu der knapperen Angabe »jus naturae ex dictatis« (WS 1802/03), welche Ankündigung Hegel auch in dem SS 1803 wiederholt hat. Für das WS 1803/04 fehlt die Notiz »ex dictatis«. Im SS 1805 erscheint zum letzten Male während der Jenaer Zeit die besondere Ankündigung einer Vorlesung unter dem selben Titel »jus naturae«; doch wird diese Angabe jetzt durch eine Bemerkung ergänzt, in welcher Hegel das Erscheinen eines Druckwerkes ankündigt, das »totam philosophiae scientiam, i.e. philosophiam speculativam, (logicam et metaphysicam) naturae et mentis« zusammenfassend behandeln sollte und innerhalb dessen die Naturrechtsthematik nurmehr als eine Abteilung des gesamten Systems der Philosophia abgehandelt werden sollte. Hegel hat diese Ankündigung einer Buchpublikation freilich niemals in der angezeigten Weise eingelöst. Doch ist aus der Umänderung des Planes bzw. der hiermit angedeuteten Revision seiner zuvor beobachteten Einteilung des gesamten philosophischen Vortrages mit hinreichender Sicherheit zu schließen, daß Hegel seine Ausarbeitungen über Naturrecht inzwischen zugunsten einer Fortgestaltung seiner übergreifenden Systemkonzeption als besondere Vorlesung überdacht und eingearbeitet haben dürfte. Erst zu diesem Zeitpunkt also dürfte Hegels spezielles Vorlesungsmanuskript über das Naturrecht und damit erst recht der besondere Reinschriftentwurf des »Systems der Sittlichkeit« aus dem Herbst/Winter 1802 innerhalb der systematischen Ausarbeitungen Hegels in den Hintergrund getreten sein. Der Umstand freilich, daß Hegel beide Manuskriptkonvolute nebeneinander verwahrt hat und nicht seiner Gewohnheit im Falle einer späteren Auswertung in einem fortgeschritteneren Konzept folgend ausgeschieden hat, gibt mittelbar ein nicht zu unterschätzendes Indiz für eine Einschätzung beider Textraten an die Hand. Denn man kann daraus ersehen, daß Hegel die gedanklichen Ausführungen des Vorlesungsmanuskriptes keineswegs in den späteren einschlägigen Niederschriften als nunmehr ausgewertete und daher überflüssig gewordene Materialien betrachtete.

Doch das gilt erst recht bezüglich der Sonderrolle des »Systems der Sittlichkeit«, dessen Plan und Zielsetzung von Hegel auf gar keinen Fall in ein Äquivalenzverhältnis zu jenen Vorlesungsmanuskripten gesetzt worden ist. Unangesehen des gemeinsamen gedanklichen Fundamentes beider Konvolute besteht aus Hegels Blickwinkel keinerlei Veranlassung, auf eine derart weitgehende Kongruenz beider Textraten zu schließen, wie sie von der Natur der Sache her jedenfalls zwischen einer reinschriftlichen Textversion und deren bloßen Schreibvorlagen unabweisbar zu postulieren ist.

Wirklich bezeugen sowohl Rosenkranz wie auch Haym in ihren z.T. ausführlichen und detaillierten Darstellungen der Jenaer Systementwicklung die Existenz eines besonderen und offenbar umfangreichen Manuskriptkonvolutes, das beide Überlieferungszeugen einhellig der wiederholten Vorlesung bzw. dem mündlichen Vortrag über »Naturrecht« zugewiesen haben. Darüber hinaus zitieren beide Autoren aus diesem heute verschollenen Konvolut des Kollegs über »Naturrecht« und geben dabei zu erkennen, daß die Darlegungen des Vorlesungskonvolutes von dem systematisch ambitionierten Reinschriftentwurf des »Systems der Sittlichkeit« unstreitig abgewichen sein müssen.

Prüft man die Erörterungen von Rosenkranz, so ist zunächst festzustellen, daß die inhaltlich charakterisierende Bezeichnung des vorliegenden Manuskriptes als »System der Sittlichkeit« tatsächlich auf eine Entscheidung dieses Autors zurückzuführen ist, insofern auch Rosenkranz trotz der ihm unstreitig weit umfangreicher zur Verfügung stehenden Nachlaßmaterialien keinerlei Indizien verzeichnen konnte, die ihm eine eindeutige Zuordnung des Textes bezüglich eines definitiven, von Hegel wirklich bezeichneten »Sitzes im Leben« erlaubten oder gar nahelegt hätten. Der Titel beschreibt zutreffend die inhaltliche Ausrichtung von Hegels Darlegungen, insofern der systematische Aufbau des Textes darauf angelegt ist, die komplexen Strukturen der gesellschaftlichen Interaktion einschließlich des staatlichen Gemeinwesens aus den Vorstufen des individuellen Bewußtseins und dem Naturwesen der menschlichen Existenz angehörigen Strukturen des »Triebes«, der »Begierde« sowie der elementaren Vergemeinschaftung durch die Arbeit und die Ausbildung der Sprache zu rekonstruieren. Darauf bauen sich die höheren Gestaltungen der »Familie« als der natürlichen Zeugungsgemeinschaft auf, welche in die ökonomische Sphäre einer Bildung des Privatbesitzes, des Warentausches und der Existenzsicherung des Einzelnen im Verbande der gesellschaftlichen Gliederungen durch ständische Berufsgenossenschaften als die »bürgerliche Welt« überleiten.

Dieser Entwurf bzw. diese Einteilung des konkret in den »Potenzen« der Sittlichkeit ausgeführten systematischen Gedankenganges findet in gewisser Rücksicht und in eingeschränkterem Sinne eine nächste sachliche Entsprechung in den inhaltlich konkretisierenden Ausführungen des Aufsatzes »Über die wissenschaftlichen Behandlungsarten des Naturrechts«, dessen Publikation im »Kritischen Journal« von Schelling und Hegel während des Sommers und des Herbstes 1802 in zwei Abteilungen erfolgte. Das erste Teilstück jenes Aufsatzes ist relativ dicht vor dem – durch Kimmerles Datierungshypothese als gesichert geltenden – Zeitpunkt einer Aufnahme der Arbeiten an dem »System der Sittlichkeit« publiziert worden, während der Abdruck des zweiten Teiles mit einer zeitlichen Überschneidung bezüglich des Reinschriftansatzes erfolgt sein dürfte.

Dieser Sachverhalt legt zwanglos die Überlegung nahe, daß diese beiden Ausarbeitungen (der Naturrechtsaufsatz und das »System der Sittlichkeit«) zu einem und demselben Thema auch in ihrer Entstehung einem gemeinsamen gedanklichen Fundament in Hegels damaligen Konzeptionsansätzen einer fraglichen systematischen Darstellung der Thematik verdankt sein dürften. Immerhin gibt es aber auch ein unterscheidendes Merkmal zu verzeichnen, insofern der Naturrechtsaufsatz unangesehen seiner fühlbaren systematischen Ambition der Argumentation eine unverkennbare und obendrein vergleichsweise ausführliche Auseinandersetzung mit der zeitgenössisch lebhaft diskutierten Behandlung des Naturrechts durch Fichte ausweist. Dieser polemische Bezugspunkt scheint vordergründig zwar nicht den generellen systematischen Ansatz des »Systems der Sittlichkeit« zu bestimmen, als ob es sich um eine bloße Wiederholung der Argumentationen im Naturrechtsaufsatz handelte. Doch ist immerhin festzustellen, daß sich im Verlauf des Textes neben einer wiederholten kritischen Bezugnahme auf Kants »Metaphysik der Sitten« an achsialer Stelle auch eine – obendrein sogar namentlich hervorgehobene – unverkennbare Auseinandersetzung mit gewissen Thesen Fichtes nachweisen läßt.

Darüber hinaus ist ferner ein mittelbares Indiz nicht ohne Belang für einen inneren Zusammenhang beider Texte. Denn im Zuge der Darlegungen des Naturrechtsaufsatzes scheint wiederholt innerhalb des argumentierenden Redeverlaufs die geprägte Wendung »System der Sittlichkeit« auf, so daß von diesem Befund her die Titelei des Reinschriftentwurfs von Rosenkranz eine nicht unwesentliche zusätzliche Rechtfertigung und Stützung in Hegels Texten findet. Daneben jedoch kann in Rücksicht auf das gedankliche Verhältnis zwischen dem Naturrechtsaufsatz und dem »System der Sittlichkeit« der Gesichtspunkt entwickelt werden, daß Hegel in seinem Aufsatz vornehmlich solche Vorlagen ausgewertet habe, die von vornherein als eine kritische Polemik gegen Fichte konzipiert waren, während in dem »System der Sittlichkeit« jener systematische Grundansatz – nunmehr vergleichsweise distanzierter gegenüber der Kritik Fichtes – vorgestellt wird, welchen Hegel aus den sachlich zugehörigen Entwürfen und Materialien zusammengestellt und reinschriftlich in einer konziseren systematischen Reflexion resümiert haben könnte. Jedenfalls scheint es nach den Angaben von Rosenkranz und Haym als sehr wahrscheinlich, daß von solchen Vorlagen aus dem Umkreis einer Kritik der Fichteschen Naturrechtskonzeption die Manuskripte für den mündlichen Vortrag in der Naturrechtsvorlesung unmißverständlich geschieden gewesen sein dürften. Denn weder Rosenkranz noch Haym berichten über eine einschlägige Auseinandersetzung mit Fichte, sobald beide Überlieferungszeugen sich jeweils der inhaltlichen Darlegung der Naturrechtsvorlesung zuwenden.

Diese Betrachtungen der Sachlage bedürfen jedoch einer genaueren Gegenprüfung derjenigen Beschreibungen, welche Rosenkranz und Haym hinsichtlich des verschollenen Konvolutes der Naturrechtsvorlesung in Hegels Nachlaß verfügbar machen. Beide Autoren scheinen dabei von der weiter nicht reflektierten Überzeugung geleitet zu sein, daß die systematische Ausarbeitung in Gestalt des Reinschriftentwurfes (d.i. das »System der Sittlichkeit«) als die materielle Basis und Grundlage der Anfertigung jenes Vorlesungsmanuskriptes zu gelten habe. Dabei sind Rosenkranz und Haym von der Vorstellung geleitet, daß das

»System der Sittlichkeit« wie ein zuvor entworfener systematischer Ansatz aufzufassen sei, welcher in dem unabhängig davon abgefaßten Manuskript der Naturrechtsvorlesung keineswegs wie eine nachbildende Darstellung unter den speziellen Vorgaben eines lediglich mündlichen Vortrages aufzufassen wäre. So wie Rosenkranz und vor allem sein Kritiker Haym das Vorlesungsmanuskript charakterisieren, stellt dieses eine eigene und selbständige Verarbeitung der gedanklichen Vorgaben dar, so daß gegenüber dem Reinschriftentwurf sogar eine Weiterentwicklung des gedanklichen Konzeptes zu registrieren gewesen sei. In diesem Sinne referiert Rosenkranz jedenfalls den Schluß des Vorlesungsmanuskriptes mit der umschreibenden Bezeichnung einer »Fortsetzung des Systems der Sittlichkeit«, indem er sich unverkennbar auf den lediglich skizzierten Schlußabschnitt des Reinschriftentwurfes dabei bezieht und die Darlegungen des Vorlesungsvortrages als dessen Ausgestaltung begreifen will.

Im Falle von Rosenkranz' entwicklungsgeschichtlicher Hypothese hinsichtlich des »Systems der Sittlichkeit« erscheint diese Unterstellung allerdings als folgerichtig, da er die Entstehung der reinschriftlichen Fassung – wiewohl irrig – bereits in die Frankfurter Periode und damit in die Vorbereitungsphase des Vortrages des Systems verlegt. Doch hat Haym gerade diese letzte Annahme entschieden kritisiert, indem er auf die deutlichen Einflüsse des Schellingschen Denkens in den ersten Jahren von Hegels Dozententätigkeit in Jena just in dem »System der Sittlichkeit« hinweist. Dabei geht er jedoch davon aus, daß die Vorlesungsmaterialien über Naturrecht in der Sache an den Reinschriftentwurf hin und wieder »angelehnt« seien, so daß auch er eine frühere und d. h. von den Vorlesungsmaterialien unabhängige Entstehung des »Systems der Sittlichkeit« als eines Teils der systematischen Ausarbeitung von Hegels damaliger Systemkonzeption vor der Ausarbeitung des Vorlesungsmanuskriptes ansetzen zu müssen glaubt.

Die Überlegungen von Rosenkranz und Haym gelangen demnach – unangesehen der vergleichsweise erheblichen Differenz bei der Mutmaßung des Entstehungszeitpunktes der Reinschrift – zu dem übereinstimmenden Resultat hinsichtlich der Entstehungsfolge beider Textraten. Doch erst recht bzw. ganz abgesehen von der grundlegenden Revision und der Umkehrung des Bestimmung des Entstehungszeitpunktes durch H. Kimmerle widerstreitet diese gemeinsame Hypothese von Rosenkranz und Haym dem objektiv unbestreitbaren Umstand, daß Hegel bereits für das SS 1802 eine Vorlesung über Naturrecht angekündigt und nach allen einschlägigen Anhaltspunkten wohl auch – zwangsläufig wegen der fehlenden Buchpublikation – »ex dictatis« gehalten haben muß. Dieser Vortrag des Naturrechts aber setzt wenigstens in einem hinreichenden Umfang des ersten Ansatzes mit an Sicherheit grenzender Wahrscheinlichkeit die Existenz einschlägiger Manuskriptvorlagen voraus, die Hegel im Zuge seiner Vorbereitungen zwischen dem WS 1801 und dem SS 1802 ausgearbeitet haben wird.

Diese Mutmaßung findet aus zweierlei Gesichtspunkten eine hinlängliche Plausibilität. Einerseits hatte Hegel die Thematik eines »Systems der Sittlichkeit« in seinem frühesten dokumentierten Entwurf des gesamten Systems aus dem WS 1801/02 zwar ausdrücklich vorgesehen, doch scheinen ihm nach allen Indizien zum fraglichen Zeitpunkt bei weitem die einschlägigen Manuskriptvorlagen für einen materiellen Vortrag dieses Systemteils im WS 1801/02 substantiell noch gefehlt zu haben, so daß erst im Jahre 1802 mit einer befriedigenden und für eine Vorlesung hinreichend ausgebildeten Erarbeitung entsprechender Materialien gerechnet werden kann. Auf der anderen Seite aber mußte Hegel im Falle seiner Vorlesung über eine »Einleitung« in das System der Philosophie, die er im WS 1801/02 wirklich unternommen hatte, die für ihn als Dozenten gewiß nicht wenig peinliche Erfahrung verzeichnen, daß er im Laufe dieses offenkundig nur fragmentarisch und insgesamt mangelhaft vorbereiteten mündlichen Vortrages noch vor Ende des Semesters seine Hörerschaft verlor. Auch diese – für seine wirtschaftliche Existenz als unbesoldeter Privatdozent nicht eben belanglose – unangenehme Erfahrung dürfte ein nicht zu unterschätzendes Argument zugunsten der Mutmaßung bilden, daß Hegel bei seiner erstmaligen Ankündigung einer besonderen Vorlesung über Naturrecht im SS 1802 jedenfalls große Anstrengungen in die materielle Ausarbeitung eines einschlägigen Vorlesungsmanuskriptes investiert haben dürfte. Eben daraus aber ist zu folgern, daß die Ausarbeitung eines Manuskriptes für die Naturrechtsvorlesung höchstwahrscheinlich zwischen dem WS 1801/02 und dem SS 1802 die Priorität zukommen muß.

Insgesamt führt also die Prüfung der Ausführungen sowohl von Rosenkranz wie auch deren kritische Revision durch R. Haym zu dem Resultat, daß beide Überlieferungszeugen unangesehen der zu verzeichnenden Abweichungen bei der Beschreibung der erwähnten Materialien in Hegels Nachlaß zu einem einhelligen Urteil gelangen, das über das Verhältnis des »Systems der Sittlichkeit« in Rücksicht auf das Vorlesungsmanuskript über Naturrecht eine unmißverständliche Klarheit herbeiführen dürfte. Gleichgültig ob man die Entstehung des »Systems der Sittlichkeit« – mit Rosenkranz und Haym – in der sachlichen Verhältnisbestimmung von Hegels Vorlesungsmanuskript vor die Entstehung eben dieser Vorlesungsmaterialien datiert oder ob man zufolge der Kimmerleschen Datierung geradewegs dieses Verhältnis umkehren muß, so gilt in beiden Fällen doch das de facto unhinterfragbare Überlieferungszeugnis von Rosenkranz und Haym bezüglich eines inhaltlichen bzw. gedanklichen Vergleichs mit den verschollenen Vorlesungsmaterialien. Beide Autoren kommen darin überein, daß keiner sich dazu bewogen fühlt, das Verhältnis der beiden Manuskripte in Hegels Nachlaß wie dasjenige zwischen einer »Reinschrift« und deren materieller bzw. gedanklicher Redevorlage in einem hinreichend strikten Sinne zu bestimmen. Selbstredend dürfte außer Frage stehen, daß Hegels Gedankenführung in beiden Textraten aufgrund der wirklich gegebenen Entstehungszeitpunkte auf einer weitgehend gemeinsamen und übereinstimmenden Grundlage aufgestützt zu denken ist. Doch gerade diese enge Verpflichtung der Gedankenbildung im einen und im andern Falle macht umso auffälliger, daß keiner von beiden Überlieferungszeugen die inhaltlichen Querbezüge zwischen beiden Texten in dem Sinne einer Ausarbeitung des einen Textes anhand des anderen aufgefaßt hat, wie dergleichen jedenfalls zwischen einer jeden Vorbereitung und deren reinschriftlichen Ausführung in unterschiedlichen Manuskriptkonvoluten zwingend anzusetzen sein müßte.

Wie eng im Falle einer derartigen Verhältnisbestimmung der Textverlauf und Wortlaut zwischen einer Vorlage und deren reinschriftlicher Ausarbeitung bei Hegel mit an Sicherheit grenzender Wahrscheinlichkeit aufeinander zu beziehen und vorstellig zu machen ist, das kann etwa der – überdies in den selben Entstehungszeitraum zu datierende – komplexe Textbestand der Verfassungsschrift unmißverständlich illustrieren, insofern hier der Ansatz einer definitiven Reinschrift gemäß den selben Kriterien wie bei dem »System der Sittlichkeit« vergleichend an den umfangreichen unmittelbaren Vorentwürfen des Textes überprüft werden kann. Selbst Haym, der sich in seinen Argumentationen eine ausdrückliche kritische Rezension von Rosenkranz' einschlägigen Referaten und Zitationen aus den Vorlesungsmaterialien über Naturrecht zum Ziele setzt und dem daher ein einschlägiger Vergleich der Texte in ihrem Wortlaute mit geschärfter Aufmerksamkeit unterstellt werden darf, gelangt auch in solchen Fällen, wo er eine »Anlehnung« des Gedankenganges verzeichnet, nirgends zu der hier entscheidenden Folgerung, daß einer von den beiden Textzusammenhängen jemals als die unmittelbare Schreibvorlage einer reinschriftlichen Ausarbeitung des fraglichen anderen gedient haben könnte. Eine solche unmißverständliche Feststellung aber wäre angesichts der beschriebenen fragmentierten Überlieferungslage der hier relevanten Materialien (Verlust des Vorlesungsmanuskriptes über Naturrecht) für die Entscheidung der Frage nach einer Abhängigkeit beider Konvolute unbedingt zu fordern, insofern eine jede heute anzustellende Erwägung bezüglich dieses Verhältnisses nach wie vor von dem einzig für uns verfügbaren Überlieferungszeugnis der verschollenen Manuskripte abhängig bleiben muß.

Umso stärker ist dagegen hervorzuheben, daß sowohl Haym wie Rosenkranz auf die enge gedankliche Nachbarschaft des »Systems der Sittlichkeit« und des Vorlesungsmanuskriptes über Naturrecht hinweisen. Mit großer Wahrscheinlichkeit ist davon auszugehen, daß in dem Text des Reinschriftentwurfs aus dem Herbst 1802 auch wesentliche bzw. konstitutive Grundzüge des damaligen systematischen Gedankenentwurfs von Hegel unter dem Titel einer speziellen Behandlung des »Naturrechts« nachweisbar sein dürften, die angesichts der eingetretenen Verluste im Nachlaßbestand von Hegel in dieser Rücksicht immerhin eine Kompensation bieten. Dabei ist vorauszusetzen, daß jenes Konvolut des Vorlesungsmanuskriptes im Unterschied zu dem »System der Sittlichkeit« mit an Sicherheit grenzender Wahrscheinlichkeit vor dem SS 1802 entworfen worden sein muß und daß dieses Manuskript – anders als das nicht zum Vortrag bestimmte »System der Sittlichkeit« – im Zuge des wiederholten Vortrages der folgenden Semester eine nicht eben unbeträchtliche inhaltliche und wahrscheinlich auch den materiellen Umfang betreffende Ausgestaltung bzw. Umgestaltung erfahren haben dürfte.

Zieht man Hegels großes Vortragsmanuskript des Systementwurfs aus dem Spätsommer/Herbst 1805 (vgl. GW 8, Jenaer Systementwürfe III, hier die »Philosophie des Geistes«) vergleichend zu Rate, dann läßt sich mit einiger Wahrscheinlichkeit abschätzen, in welchem Sinne und in welchem Umfange dergleichen Um- und Ausgestaltungen des Vorlesungsmanuskriptes über Naturrecht im Zuge des wiederholten Vortrages seit dem SS 1802 aufgrund einer darin zwangsläufig sich manifestierenden Konvergenz der inhaltlichen Fortbildung des Hegelschen Systemkonzeptes in jenem verschollenen Vortragstext schlußendlich einen Niederschlag gefunden haben müssen. Just in dieser zuletzt erreichten Gestalt aber haben Rosenkranz und Haym das Vorlesungsmanuskript im Nachlaß angetroffen und mit dem »System der Sittlichkeit« in vergleichende Beziehung gesetzt.

Gerade im Gegenzug zu dieser insgesamt durch die Indizien der Entwicklungsgeschichte des Hegelschen Denkens in Jena unterstützten Annahme muß wenigstens der Versuch eines Erhellungsvorschlages gefordert werden, um die Existenz und die besondere Beschaffenheit des »Systems der Sittlichkeit« in der Reihe der übrigen systematischen Entwürfe während Hegels Jenaer Zeit plausibel einzuordnen.

Zur Beurteilung der Schrift anhand des textkritischen Befunds

Unter den handschriftlichen Jenaer Ausarbeitungen Hegels ragt das sog. »System der Sittlichkeit« sowohl inhaltlich wie auch in formaler Rücksicht hervor. Die Auszeichnung des Textes als Entwurf einer Reinschrift ist im folgenden zunächst durch besondere und auffällige textkritische Beobachtungen zu erläutern und in Rücksicht auf die daraus zu gewinnenden Erkenntnisse bezüglich der Entstehung und systematischen Zuordnung des

Textes differenziert zu begründen. Sodann ergibt sich die Aufgabe, den hier vorliegenden systematischen Ansatz eines »Systems der Sittlichkeit« in seinem Verhältnis zu einschlägig verwandten Entwürfen im Rahmen von Hegels entstehungsgeschichtlich benachbarten Ausarbeitungen im fraglichen Zeitraum abzuwägen.

Näherhin geht es dabei um eine Entscheidung der Frage, ob es sich bei dem vorliegenden Text um eine reinschriftliche Darstellung und Resumtion von Hegels Materialien für den Vortrag der Naturrechtsvorlesung handeln könnte, oder ob dieser Ansatz statt dessen aus den sachlich eng verwandten Arbeiten an einem anderen Vorhaben Hegels in dem fraglichen Entstehungszeitraum hervorgegangen sein mag. Denn mit Sicherheit ist festzustellen, daß das »System der Sittlichkeit« maßgebliche Einsichten in Hegels früheste Entwürfe einer praktischen Philosophie am Beginn seiner Jenaer Dozententätigkeit vermittelt, auf denen eine Auseinandersetzung und fortgehende Deutung bezüglich der Entwicklung von Hegels Philosophie der sittlichen Welt bzw. des »objektiven Geistes« aufbauen müssen wird.

Die Charakterisierung als Entwurf (einer Reinschrift) geht in erster Linie auf den Umstand zurück, daß die ganz überwiegende reinschriftliche Abfassung des Textes ausweislich des Manuskriptbefundes von Hegel nicht bis zum Ende durchgehalten worden ist. Unzweifelhaft wechselt der Duktus der Hand einige Seiten vor dem heutigen Abschluß des Textkonvoluts, nachdem offenkundig Hegels materielle Vorlage für diese Reinschrift zur Gänze ausgeschöpft war. Der gesamte Schlußabschnitt des Textes wurde von Hegel lediglich skizzenhaft entworfen und scheint in einem Zuge, ohne eine nachherige Überarbeitung und Besserung des Textes, mit eilender Hand an die reinschriftliche Niederschrift angefügt worden zu sein, um wenigstens die zum fraglichen Zeitpunkt vom Autor ins Auge gefaßte systematische Orientierung einer hier noch nachzuholenden eingehenderen Ausarbeitung des vorgesehenen Schlusses in mehr oder weniger groben Zügen anzuzeigen.

In dieser ersten und vorderhand formalen Betrachtungsrücksicht fällt im Vergleich mit anderen zeitlich benachbarten Niederschriften Hegels auf, daß die überwiegende Masse dieses Manuskripts nur ganz wenige Überarbeitungsspuren und Ergänzungen am Rande des Textes aufweist, die insgesamt unmittelbar im Zuge der Niederschrift hinzugesetzt sein dürften. Im Gegensatz zu den – z.T. erheblich überarbeiteten und revidierten – Manuskripten der drei großen Systementwürfe aus der Jenaer Zeit, die Hegel mit Sicherheit seinen einschlägigen Vorlesungen jeweils zu verschiedenen Zeitpunkten wiederholt zugrundegelegt hat und die daher ein authentisches Bild von Hegels Gebrauch und Umgang mit seinen Vorlesungsmanuskripten vermitteln, unterscheidet sich diese Reinschrift auffällig durch das Fehlen jeglicher Überarbeitungen oder auch fortlaufender Veränderungen aus späterer Zeit, wie sie die Systementwürfe z.T. besonders extrem charakterisieren und Hegels konkrete bessernde und umgestaltende Weiterarbeit an diesen Materialien im Zuge des von Semester zu Semester wiederholten Vortrages anschaulich vergegenwärtigen. Daraus ergibt sich ein erstes objektiv schwer anzuzweifelndes Indiz dafür, daß Hegel den vorliegenden Text nach Abschluß der Niederschrift wohl kaum wieder mit dem Ziel einer kritischen Überprüfung des Wortlautes auf der Basis einer weiteren Entwicklung seiner einschlägigen Überlegungen jemals erneut vorgenommen haben dürfte. Es findet sich in diesem Sinne nirgends ein Anhalt, daß dieser – wiewohl bis zur reinschriftlichen Fassung ausgebildete – systematisch konzipierte Text womöglich als Grundlage beispielsweise seines mündlichen Vortrages in den Vorlesungen über das Naturrecht gedient haben mag, wiewohl das »System der Sittlichkeit« unstreitig jener Vorlesungsthematik aus inhaltlichen Gesichtspunkten zuzuordnen ist und mit an Sicherheit grenzender Wahrscheinlichkeit auch aus dem Umkreis der weitläufigen Ausarbeitung von Hegels Naturrechtsvorlesung im Frühjahr/Sommer 1802 hervorgewachsen sein dürfte.

So bleibt die spezifische Absicht Hegels alternativ eher dahin zu bestimmen, daß Hegel bei der Niederschrift während des Spätherbst 1802 mit hinreichender Wahrscheinlichkeit an eine Buchpublikation gedacht haben müßte, um die vergleichsweise arbeitsaufwendige Mühe der Herstellung dieser reinschriftlichen Konzeption der zugrundeliegende Materialien aus ihrem »Sitz im Leben« zu rechtfertigen und zu erhellen. Dazu paßt insgesamt auch die Agogik der Rede, die unverkennbar nicht für einen mündlichen Vortrag geeignet erscheint, sondern die Rezeption durch eine systematisch konzentrierte Lektüre erfordert. Daneben ist ferner in Rücksicht zu ziehen, daß für den fraglichen Zeitraum zwar der Aufsatz »Über die wissenschaftlichen Behandlungsarten des Naturrechts« Hegels Bestreben um eine Druckpublikation seiner einschlägigen systematischen Untersuchungen dokumentiert. Doch fehlt unter den einschlägig verwertbaren und hier zu vergleichenden Mitteilungen über Hegels damalige Pläne und philosophische Vorhaben darüber hinaus aber ein konkreter Hinweis bzw. ein lebensgeschichtliches Zeugnis bezüglich eines damals (im Jahre 1802) eventuell verfolgten speziellen Buchplanes über den hier behandelten systematischen Gegenstand.

Gerade wenn aber eine derartige Publikationsabsicht im Druck aufgrund der formalen Anhaltspunkte zugrundezulegen nahegelegt wird, verblüfft ein weiterer aus der textkritischen Arbeit zu schöpfender Umstand, daß Hegel in Sonderheit bei der jeweils konkret zu vollziehenden Festsetzung der Gliederung dieser reinschriftlichen Ausarbeitung im Zuge der Niederschrift ausweislich des Manuskriptbefundes unverkennbar vergleichsweise extreme Unsicherheiten zu bewältigen hatte. Nicht nur die formal ohne weiteres erkennbare Uneinheitlichkeit der Gesamtgliederung und das verhältnismäßige Ungleichgewicht der einzelnen Gliederungsabschnitte stützen diese Beobachtung. Auch bei der konkreten Formulierung der Gliederungspunkte bzw. der architektonischen Anordnung derselben in einem Hegel mehr oder weniger deutlich vorschwebenden konzisen Plan seiner Darlegungen weist der Manuskriptbefund in allen Fällen in merkwürdigem Widerstreit mit dem reinschriftlichen Duktus der Hand ein durchgängig nachweisbares Schwanken zwischen ganz unterschiedlichen Gliederungskonzepten auf, indem Hegel wiederholt zwischen untereinander abweichenden Gliederungsansätzen teils etwa durch Buchstaben und anderen durch römische Ziffern zu entscheiden bemüht war und erst nach mehreren Anläufen von Fall zu Fall jeweils zu der endgültigen Überschrift und Untergliederung des fraglichen Textabschnittes gelangte, wie gelegentlich auch dergleichen inhaltlich charakterisierende Überschriften zu fehlen scheinen bzw. auf die bloße formale Gliederungsnotation reduziert vorliegen.

Dieser Befund muß jedenfalls mit der naheliegenden Vorstellung und den natürlichen Erwartungen über einen jeden Ansatz von reinschriftlichen Ausarbeitungen eines zuvor in Entwürfen existierenden Textes kollidieren, insofern man zum wenigsten unterstellen dürfen wird, daß ein Autor den arbeitsaufwendigen Entschluß zu einer Reinschrift aus so umfangreichen Vorlagen sicherlich auf der gesicherten Grundlage einer annähernd endgültigen stofflichen Gliederung seines Gedankenganges unternehmen wird. Eine solche Erwartung erscheint auch dann einigermaßen plausibel, wenn man – wie im Falle Hegels auch sonst in dessen Manuskripten nachweisbar – von der Gewohnheit des Autors ausgeht, daß dieser gerade auch im Falle einer als endgültig intentionierten reinschriftlichen Ausarbeitung irgendwelcher Materialien und Vorentwürfe sich jederzeit den schöpferischen und innovativ von seinen Vorlagen abweichenden Eingriff in den Gedankenansatz eben dieser Vorlagen vorzubehalten pflegte. So ergibt sich aus diesen Beobachtungen die Folgerung, daß die definitive Entscheidung über eine wirkliche Publikation im Druck für Hegel mit der Herstellung dieses Reinschriftentwurfs noch nicht abgeschlossen gewesen sein kann. Erst recht im Blick auf den Schluß des »Systems der Sittlichkeit« dürften insbesondere die hier lediglich skizzierten Gedankenansätze dieses systematischen Konzeptes darauf deuten, daß Hegels Überlegungen bezüglich einer Einbindung dieses Textes in das Ganze eines ihm damals vorschwebenden Systemkonzeptes vorderhand noch unerwartete Schwierigkeiten hinsichtlich der gedanklichen Einfügung bzw. des systematischen Anschlusses erzeugt haben müssen.

Solche Beobachtungen und Überlegungen widerstreiten für sich genommen in gewisser Rücksicht bereits nachdrücklich der Mutmaßung, daß es sich bei dem »System der Sittlichkeit« vielleicht um den Ansatz einer zusammenfassenden Darstellung der Materialien aus dem speziell davon zu unterscheidenden Konvolut der Naturrechtsvorlesung handeln mag, deren hypothetische Publikation im Druck Hegel mit diesem Reinschriftentwurf angebahnt haben könnte. Zumindestens scheint es schwer glaubhaft, daß Hegel schon wenige Zeit nach Aufnahme eines regelmäßigen Turnus des von Semester zu Semester wiederholten Vortrages über Naturrecht bereits eine definitive Druckpublikation über diesen Gegenstand ins Auge gefaßt haben sollte, wiewohl er im Herbst 1802 vorderhand bloß über eine relativ begrenzte Erfahrung und noch kaum hinreichend vertieften Auseinandersetzung mit der Thematik aus dem Vortrag im SS 1802 verfügen konnte. Ausweislich der Ankündigungen in den folgenden Semestern dürfte Hegel in seinem einschlägigen Vorlesungsmanuskript für diese Vorlesungen, von dessen separater Existenz wir durch Rosenkranz und Haym eine unstrittige Gewißheit besitzen, mit an Sicherheit grenzender Wahrscheinlichkeit ausweislich seiner bezüglich der Formulierung von Fall zu Fall auch inhaltlich untereinander differierenden Ankündigungen einer Weiterarbeit und inhaltlichen Ausgestaltung unterworfen haben. Hier ist für die weiteren Überlegungen die Tatsache in Rechnung zu stellen, daß nach dem Zeugnis von Rosenkranz und Haym in Hegels Nachlaß ein gesondertes umfangreiches Konvolut existierte, das beide Überlieferungszeugen aus einer unstreitigen gemeinsamen Erkenntnis den Vorlesungen über Naturrecht während der Jenaer Zeit zugewiesen haben. Eine solche Zuweisung aber setzt voraus, daß diese beiden Überlieferungszeugen auch hinreichende Indizien in jenem verlorenen Konvolut identifiziert haben müssen, um den Bezug zu dem mündlichen Vortrag und dessen wiederholter Revision in den Manuskriptmaterialien gemäß der Wiederholung des Vortrages in den folgenden Semestern zu verifizieren.

Für den aus den sachlichen Chancen heraus hypothetisch naheliegenden Gedanken, daß Hegel sich just in der Absicht eines speziellen Buches für seine künftigen Naturrechtsvorlesungen zu einer – hier eventuell in Gestalt des »Systems der Sittlichkeit« vorliegenden – frühzeitig angefertigten reinschriftlichen Ausarbeitung jenes Vorlesungsmanuskriptes entschlossen haben könnte, findet sich also unter Hegels dokumentierbaren Buchprojekten während der Jenaer Zeit keinerlei Anhalt. Darüber hinaus jedoch könnte diese Hypothese als solche freilich nur dann positiv entschieden werden, wenn die wirklich überlieferten Zeugnisse bezüglich eines Vergleichs dieses Textes mit den gegebenenfalls unabweisbar als Schreibvorlage zu postulierenden Materialien des Vorlesungsmanuskriptes ausweislich der dafür heute einzig verfügbaren Mitteilungen von Rosenkranz und Haym mit überzeugenden Indizien in das fragliche Verhältnis zu bringen sind.

Im Blick auf diese Mutmaßung verwundert jedoch vor allem das offenkundige Fehlen eines verbindlich vorgezeichneten detaillierten Arbeitsplanes für diese reinschriftliche Ausarbeitung; und dieser Tatsache scheint auch die Unsicherheit bezüglich einer definitiven Ausführung des Schlusses zu entsprechen. Erst recht aber muß die zuvor beschriebene Tatsache auffallen, daß Hegel sogar den konkreten Bauplan seiner unstreitig systematisch ambitionierten Untersuchung jeweils erst ad hoc und von Fall zu Fall im Zuge der reinschriftlichen Niederschrift festgelegt zu haben scheint, ohne aber dabei jedesmal auf zuvor eingeführte Gliederungspunkte mit einer gehörigen formalen Konsistenz zu achten und die Gliederungsabschnitte untereinander in eine überschaubare Ordnung der Teile eines Ganzen zu setzen. Diese Feststellung wirft freilich auch auf die Hypothese einer Publikationsabsicht im Druck ein merkwürdiges Licht, weil man sich nur schwer vorstellen kann, daß ein Druckwerk mit dergleichen auffälligen Mängeln nicht nur des formalen Erscheinungsbildes, sondern auch inhaltlich bezüglich einer klar durchdachten sowie angemessen im voraus kalkulierten Gliederungsarchitektonik des Ganzen als eines ausgewogenen Gedankenkomplexes ohne Bedenken veröffentlicht werden konnte.

Solche Überlegungen legen jedenfalls ein weiteres und schwerlich relativierbares Argument zugunsten der Kennzeichnung des Textes als eines Reinschriftentwurfes nahe, da man schließen muß, daß Hegel unangesehen der Mühe einer solchen reinschriftlichen Ausarbeitung den vorliegenden Text nochmals einer grundsätzlichen Reflexion bezüglich des Beweiszieles und des Aufbaus der Argumentation vorbehalten zu haben scheint. Offenbar war aus Hegels Blickwinkel die reinschriftliche Ausarbeitung der einschlägig herangezogenen Vorlagematerialien noch vergleichsweise überwiegend deren ursprünglicher Zielsetzung verpflichtet, so daß der vorliegende Text eine – wenn auch weitgehend ausgearbeitete – Zwischenstufe im Übergang zu der anvisierten endgültigen Gestalt einer vorgesehenen Publikation zu repräsentieren scheint.

Eben dieser nunmehr mehrfach belegte Vorbehalt hinsichtlich einer unzweideutig festzulegenden Bestimmung der definitiven Zwecksetzung des vorliegenden Textes dürfte aber bezüglich der tatsächlichen Arbeitsvorlagen Hegels mit einiger Sicherheit den

Schluß nahelegen, daß es sich – wie auch bei anderen (benachbarten) Manuskriptkomplexen vergleichbarer Art – eher um locker aufgereihte Vorentwürfe von unterschiedlichem Umfang oder auch um lediglich einen Gedankenansatz argumentativ skizzierende Brouillons gehandelt haben dürfte, aus denen Hegel erst im Zuge einer hier geschehenen vorläufigen Resumtion mit reinschriftlichem Charakter den definitiven gedanklichen Zusammenhang schöpfen wollte und dabei auch eine übergreifende systematische Stringenz und textliche Konsistenz herzustellen vorgesehen haben mag.

Diese Eigenart von Hegels Arbeitsweise bzw. seiner prinzipiellen schöpferischen Produktion begegnet beispielsweise als Charakteristikum auch in der Gemengelage der Vorentwürfe und Ausarbeitungen zu der Schrift über die Verfassung Deutschlands, deren große Arbeitsvorlage für die endgültige reinschriftliche Fassung Hegel ebenfalls aus z.T. ganz unterschiedlichen, auch zu verschiedenen Zeitpunkten abgefaßten Textstücken nachträglich komponiert und erst im Zuge der endgültigen reinschriftlichen Version definitiv zu einem konsistent durchlaufenden Text verknüpft hat. Selbst dann, wenn Hegel über hinreichend ausgeführte Entwürfe bzw. Vorstufen der zuletzt geschöpften Textfassung gebot, ist nachweislich davon auszugehen, daß er keineswegs bei der Anfertigung des Reinschriftentwurfs auf eine mehr oder weniger lediglich glättende Abschrift seiner diversen Vorlagen bedacht gewesen sei. Er behielt sich vielmehr bis zuletzt vor, inhaltliche wie auch formale Abweichungen oder schöpferische Eingriffe in den früher erarbeiteten Gedankengang bzw. Wortlaut der Vorlagen von Fall zu Fall vorzunehmen.

So ist davon auszugehen, daß der vorliegende reinschriftliche Text nicht überall und in jeder Hinsicht ohne Umschweife wie ein getreues Bild der möglicherweise zuerst leitenden Zweckbestimmung und Zielsetzung der in dieser Niederschrift verarbeiteten Vorlagen aufgefaßt werden kann, während auch die endgültig beabsichtigte Festlegung des Beweiszieles noch nicht mit der letztlich erstrebten Klarheit im Zuge der konkreten Darlegungen sich abzeichnen muß, wie dies bei einer Erarbeitung einer für den Druck vorgesehenen Textvorlage von der Natur der Sache her zu erwarten ist. Gemäß der geschilderten inventorischen Arbeitsweise Hegels ist eher damit zu rechnen, daß unangesehen der thematischen Einheitlichkeit der Erörterungen bzw. des weitgehend unstrittigen Gegenstandes dieser Untersuchung, nämlich die philosophisch-systematische Darstellung und Analyse der sittlichen Welt als objektive Erscheinung des Geistes, der ursprüngliche Ansatz Hegels auch anders orientierten Gesichtspunkten verpflichtet gewesen sein kann, deren unmißverständliche Indizien im Text der Vorlagen Hegel aber bei der Abfassung dieser Reinschriftversion begreiflicherweise im Blick auf den jetzt verfolgten Plan weitgehend getilgt bzw. umformuliert haben wird.

Das verweist erneut auf eine weitere Rechtfertigung der Frage nach den konkreten Entstehungsbedingungen des »Systems der Sittlichkeit«, insofern die nicht geringe Möglichkeit zu erwägen ist, daß Hegels ursprüngliche Absichten bei der Erarbeitung der hier ausgeschöpften Vorlagen gegebenenfalls in eine andere, weiter unten näher zu bezeichnende Richtung gewiesen haben könnten, deren nähere Charakterisierung und Erkenntnis jedoch nur mit der Hilfe zusätzlicher Indizien und nicht durch den einfachen Rekurs auf die vorliegende Textgestalt hinreichend plausibel erhoben werden kann.

Die bisher erörterten Gesichtspunkte, welche bislang allein aus dem Manuskriptbefund geschöpft wurden, verweisen die Frage nach einer inhaltlichen bzw. systematischen Bestimmung des vorliegenden Textes innerhalb der Entwicklungsgeschichte des Hegelschen Denkens in Jena zwangsläufig auf eine eingehende Erörterung der mutmaßlichen Entstehungsbedingungen der vorliegenden Arbeit. Denn infolge des Fehlens unzweideutiger inhaltlicher Anhaltspunkte dafür, wie Hegel den Text des »Systems der Sittlichkeit« gegebenenfalls in den Gesamtansatz seiner damaligen Systembildung zu integrieren planen mochte, vermag die Vergegenwärtigung der Entstehung und der Überlieferung dieses Manuskripts doch am ehesten Indizien zu gewinnen, welche der inhaltlichen Auseinandersetzung wenigstens gewisse Richtungsvektoren aufzeigen mögen. Jedenfalls reicht die im übrigen fraglose inhaltliche bzw. thematische Zuordnung dieses Textes zu einer systematischen Darlegung einer Philosophie des »objektiven Geistes« bzw. einer Philosophie der sittlichen Welt allein und als solche noch nicht hin, um ohne weiteres zu entscheiden, in welcher Absicht Hegels ursprüngliches Beweisziel konzipiert und erst später eventuell in ein davon unterschiedenes Konzept umgegossen worden sein könnte.

Zu fragen ist ineins mit der Würdigung eines jeden Textes stets auch nach dem vom Autor intendierten Rezeptionshorizont, auf welchen die gedankliche Agogik eines Textes sowohl in der ersten wie ebensowohl in der letzten Stufe der Textschöpfung und Ausarbeitung jeweils abweichend voneinander sinnvoller Weise ausgerichtet sein muß. Denn die Wahl des Ausgangspunktes wird zweifellos von dem anfänglich ins Auge gefaßten Rezeptionsziel der konkreten Darlegungen auch dann beeinflußt und nicht wenig determiniert, wenn der ursprüngliche Plan einer solchen Ausarbeitung im Zuge der unterscheidbaren Arbeitsstufen vielleicht auch aus zufällig oder beiherspielend scheinenden Umständen und nicht voraussehbaren Zwängen heraus schließlich eine Abänderung erfahren sollte. Umgekehrt kann jedoch auch die Ermittlung des anfänglichen Konzeptionsansatzes auf solche Deutungsperspektiven verweisen, aus deren Berücksichtigung die anfänglich intendierte Beweisrede klarlegen kann, in welchem Sinne die erarbeiteten Textstücke aus sich selbst heraus dafür geeignet erscheinen konnten, um in einen veränderten Plan der beabsichtigten Publikation zuletzt dank einer nachherigen Entscheidung des Verfassers Eingang zu finden.

Daher müssen im folgenden auch diejenigen überlieferungsgeschichtlichen Erörterungen Berücksichtigung finden, welche Karl Rosenkranz als Entdecker dieses Textes im Hegel-Nachlaß durch den Vergleich mit inhaltlich benachbarten Niederschriften Hegels bei seiner Besprechung und Deutung des »Systems der Sittlichkeit« entwickelt hat. Gemeint ist hier in Sonderheit das seither verschollene Konvolut von Hegels Vorlesungsmanuskript über Naturrecht, von dem auch Rudolf Haym ausführlich berichtet und dem bei einer Bestimmung der tatsächlich von Hegel ins Auge gefaßten Rolle des vorliegenden Textes eine entscheidende Bedeutung zufallen muß. Dabei erweist sich die Darstellung von Rudolf Haym deshalb als überaus aufschlußreich, weil er die Darlegungen von Rosenkranz einer eindringlichen bzw. auch polemischen kritischen Überprüfung unterzieht und durch seine sowohl inhaltlichen wie zugleich chronologisch konsequenten Argumente wenigstens mittelbar entscheidende

Hinweise bezüglich des Verhältnisses des »Systems der Sittlichkeit« zu dem seither verschollenen Manuskriptkonvolut an die Hand gibt. Entscheidend ist nämlich die Frage, in welcher Fundlage sowohl Rosenkranz als auch Haym das vorliegende Manuskript im Nachlaß Hegels angetroffen und wie sie es sodann den inhaltlich konvergenten Nachlaßmaterialien in ein Verhältnis gesetzt haben.

In seiner Biographie Hegels hat Karl Rosenkranz erstmals jene spezifische Interpretationskonzeption des Hegelschen Denkens vorgestellt, die heute als entwicklungsgeschichtliche Erschließung des Hegelschen Denkweges überaus fruchtbare Resultate für die inhaltliche Deutung und die Bestimmung einer systematischen Relevanz der frühen und frühesten systematischen Konzeption der Hegelschen Philosophie im Laufe der Jenaer Zeit entwickeln konnte. Dabei ist aber hinsichtlich der neuen entwicklungsgeschichtlichen Analyse deren ganz wesentlich und maßgeblich entscheidende Grundlage in Gestalt der von Heinz Kimmerle anhand der buchstabenstatistischen Kriterien erarbeitete Chronologie der Jenaer Schriften Hegels als ein unterscheidendes Kriterium sämtlicher Argumentationen in Rechnung zu stellen. Wie sehr diese Grundlage aber auch immer das Bild der Entwicklungsgeschichte des Hegelschen Denkens strukturieren und argumentativ befestigen mag, so ist doch auch umgekehrt darauf zu verweisen, daß dadurch die Mitteilungen von Rosenkranz und Haym in der Folge mitnichten als überflüssig beiseitezusetzen sind oder als überholte bzw. schlicht falsche Informationen belanglos erscheinen dürften. Denn deren Zeugnis beruhte unstreitig auf einem erheblich größeren Umfang der handschriftlichen Überlieferung von Hegels Nachlaßbeständen und d. h. beide Autoren müssen von Fall zu Fall als die einzigen Zeugen einer Überlieferung von seither verschollenen oder verlustig gegangenen Textbeständen gelten, bei deren Beschreibung wir uns nicht weniger auf die Mitteilungen beider Autoren zu stützen haben. Nur dann, wenn im Falle einer Verhältnisbestimmung zwischen den noch vorhandenen und den von Rosenkranz und Haym bezeugten verschollenen Materialien eine hinlängliche Kohärenz und Stimmigkeit erreicht werden kann, wird von Fall zu Fall auch eine befriedigende Einsicht bezüglich der Einschätzung der überlieferten Materialien verteidigungsfähig sein können. Das gilt in Sonderheit bezüglich einer Erörterung des vorliegenden »Systems der Sittlichkeit«.

Zur neuen Verortung des Reinschriftentwurfs als Vorlage für eine von Hegel projektierte Schrift zur ›Critik des Fichteschen Naturrechts‹

Nach den bisherigen Erörterungen ist resümierend festzustellen, daß Hegel den Reinschriftentwurf des »Systems der Sittlichkeit« wie einen offenbar aufgegebenen Publikationsplan niemals mehr einer umarbeitenden Überprüfung des Textes unterzogen oder diese arbeitsaufwendige Herstellung einer Reinschriftfassung von verschollenen Vorlagen jemals in den nachherigen Vortrag seines systematischen Entwurfs des »objektiven Geistes« in irgendeiner hinreichend identifizierbaren Weise gemäß der vorliegenden Textgestalt einbezogen hat. Da nach dem Zeugnis von Rosenkranz und Haym die inhaltlichen Differenzen des jeweiligen Gedankenganges zumindestens in der einschlägig relevanten Phase der Entwicklungsgeschichte des Hegelschen Denkens eine solche merkwürdige Zurückhaltung Hegels nicht zu erhellen und zu begründen vermögen, ist demgegenüber hilfsweise auf eine Gewohnheit Hegels hinzudeuten, wonach dieser in der Regel sämtliche Unterlagen und Entwürfe, die er selbst irgendwann zum Druck bringen konnte, in seinem handschriftlichen Nachlaßbestand als überflüssig erachtete Materialien auszusondern und zu vernichten pflegte. Wo immer hingegen – so lautet der daraus gefolgerte zwingende Umkehrschluß – dergleichen Reduktionsgründe fehlten, hat Hegel, soweit wir heute noch sehen und beurteilen können, die einschlägigen (unabgegoltenen) Unterlagen, Ausarbeitungen und Vorentwürfe einer endgültigen Textur nach Möglichkeit und Tunlichkeit für seine spätere Selbstverständigung in der Regel aufbewahrt.

So ist die Mutmaßung nicht von der Hand zu weisen, daß der Reinschriftentwurf des »Systems der Sittlichkeit« tatsächlich als das Dokument eines im Jahre 1802 relativ energisch betriebenen Publikationsplanes angesehen werden dürfte, der aber – aus der hier maßgeblichen Sicht Hegels selber – in seiner argumentativen Bestimmung des Beweiszieles und bezüglich einer thematischen Rezeption durch eine einschlägig interessierte Öffentlichkeit deutlich und unmißverständlich von dem Vortragsmanuskript über Naturrecht unterschieden zu denken wäre, wiewohl oder gerade weil der gedankliche Ansatz desselben nach Lage der Dinge zwanglos in eine engste Nachbarschaft zu dem »System der Sittlichkeit« zu setzen sein dürfte. Diese Schwierigkeit einer engen gedanklichen Nähe beider Manuskripte einerseits und deren gleichwohl ebenfalls von den Überlieferungszeugen einhellig konstatierten Unterschiedenheit der beiden Texte andererseits scheint in ein unauflösbares Dilemma zu führen, wenn man eben diesen Befund entwicklungsgeschichtlich hinreichend widerspruchsfrei aufzulösen hat. Die Frage lautet näherhin, ob sich Indizien dafür finden lassen, welche den offenkundig doppelten Arbeitsgang Hegels im Jahre 1802 wenigstens durch eine plausible Hypothese befriedigend erklärbar machen können. Dabei ist die naheliegende Vorstellung leitend, daß im Falle der beiden Manuskriptkonvolute bzw. deren Vergleich untereinander der Aufbau und die gedankliche Agogik des jeweils definierten Beweiszieles keineswegs überall übereinstimmend oder im Sinne des Verhältnisses von Vorlage und Reinschrift kongruent vorgestellt werden muß, wiewohl der systematische Ansatz beider Projekte bzw. Manuskriptbestände sich einer gemeinsamen Wurzel verdankt.

Wenn bezüglich eines derartigen Planes in den lebensgeschichtlichen Daten des fraglichen Zeitraumes auch kein unzweideutiger Anhalt zu finden ist, so lassen sich doch wenigstens abschließend gewisse Anhaltspunkte identifizieren, welche die gestellte Frage zumindestens bezüglich der ursprünglichen Entstehungsbedingungen und einer eventuell zugrunde zu legenden Intention klären könnten, um auf diesem Wege über die Bestimmung des »Sitzes im Leben« immerhin eine annähernde Orientierung bezüglich der reinschriftlichen Ausarbeitung des »Systems der Sittlichkeit« zu skizzieren.

In der Tat findet sich unter den Vorlesungsankündigungen Hegels während des Jahres 1802 ein merkwürdiger Vorgang, der Rosenkranz und Haym bei ihrer entwicklungsgeschichtlichen Darstellung des Hegelschen Denkens darum verborgen und unbekannt geblieben ist, weil er seinen Niederschlag ausschließlich in den internen Akten der Fakultät gefunden hatte und wahrscheinlich niemals als dieses Debakel in dessen ganzem Umfange der Öffentlichkeit bekannt werden konnte. Über die näheren Einzelheiten und die umständlichen Nachweisungen aus den einschlägigen Fakultätsakten sowie den übrigen Dokumenten sind die einzelnen Darlegungen in dem editorischen Bericht des Bandes 5 der Gesammelten Werke Hegels zu vergleichen. Im folgenden wird der fragliche Vorgang unter Verzicht auf die dort gebotenen Details der Beweisführung in seinen wesentlichen inhaltlichen Pointen referiert.

Durch einen einschlägigen Rekurs des dafür zuständigen Professors Ulrich, welcher zu Jena den Lehrstuhl für Moralphilosophie sowie politische Philosophie vertrat, wurde der Entscheidung der Fakultät die Frage vorgelegt, ob der Privatdozent Hegel gemäß eines von ihm für die Drucklegung des betreffenden Vorlesungsverzeichnisses eingereichten Ankündigungszettels neben den üblichen und daher keiner Frage unterworfenen zwei Vorlesungszyklen über »Logik und Metaphysik« sowie über »Naturrecht (und Staatswissenschaft)« noch eine weitere Vorlesung ankündigen und auch abhalten dürfe, die er im Unterschied zu den zuvor genannten »gratis« vorzutragen plane. Ulrichs Eingabe lautet wörtlich: »Herr M[agister] Hegel hat no. 3 seiner Vorlesungen gratis eine Critik des Fichteschen Naturrechts angezeigt. Da ich nicht anders weis, als daß das gratis lesen nur mit Consens der gantzen Fakultät gestattet werden soll, so habe ich für meine Schuldigkeit erachtet, bevor ich Consentire, solches Ew. Spectabilität zur weiteren Anfrage bey unserer Fakultät mit derjenigen Ergebenheit vorzulegen, mit welcher ich verharre [...]«

Zum Verständnis dieser Eingabe sind einige historische Erläuterungen bezüglich der hier aufscheinenden Problematik erforderlich, welche diese ausschließlich fakultätsinterne Querele in den hier überhaupt relevanten Pointierungen hinlänglich beleuchten.

Jeder »Privatdozent« der Philosophie an der Universität Jena unterstand für die Dauer seiner akademischen Existenz ohne die Titulatur als »Professor« bezüglich seiner inhaltlichen Vorlesungsankündigungen einer »consens«-pflichtigen Aufsicht des sachlich zuständigen ordentlichen Professors, welcher in seinem Fachgebiet auch den Lehrvortrag der nachgeordneten Privatdozenten als den Inhabern einer bloßen »venia legendi« vor der akademischen Öffentlichkeit zu verantworten hatte. Auch wenn diese Regelung zu Hegels Zeiten bereits als eine bloße Formalie ohne wirkliche (inhaltliche) Konsequenzen bezüglich der selbstredend freien Lehrmeinung eines Privatdozenten angesehen und gehandhabt wurde, mußte Hegel seine Vorlesungsankündigungen den verschiedenen Ordinarien der betreffenden Fachrichtungen von Semester zu Semester jeweils aufs neue zum »Consentieren« schriftlich vorlegen, damit diese durch ihre Paraphe die Qualifikation des Privatdozenten bzw. seiner speziellen Vorlesung im Rahmen des Lehrangebotes der Jenaer Universität bescheinigen und damit die Aufnahme der Vorlesungsankündigung in das fragliche Vorlesungsverzeichnis freigeben konnten.

Nicht die inhaltliche Zwecksetzung der namhaft gemachten Vorlesung, sondern deren technische Ausweisung als »Gratis-Vorlesung« bildet indessen ausweislich von Ulrichs Eingabe den Stein des Anstoßes. Denn die – freilich z.T. veralteten – Statuten der philosophischen Fakultät hatten die Abhaltung solcher Gratis-Vorlesungen, bei denen der Dozent auf die ansonsten pflichtmäßig von den Studenten abzuführende Honorierung seiner jeweiligen Vorlesung verzichtete, als ein Privileg ausschließlich den besoldeten Ordinarien bzw. den »ordentlichen Professoren« an der Fakultät vorbehalten. Diese Regelung war nicht ohne weiteres als eine Benachteiligung der Privatdozenten ersonnen worden. Sie resultierte wohl ursprünglich aus der berechtigten Sorge wegen des Umstandes, daß zur damaligen Zeit nur die »ordentlichen Professoren« Anspruch auf einen regelmäßig gezahlten Lebensunterhalt in Gestalt einer Besoldung durch die »Erhalter der Universität« (hier die verschiedenen Linien des wettinischen Hauses Sachsen) besaßen. Dieses Grundgehalt wurde durch die außerdem eingenommenen (in ihrer Höhe einheitlich festgesetzten) Honorarzahlungen der jeweiligen Hörer von Semester zu Semester aufgestockt. Je nachdem wie groß die Kopfzahl der in der jeweiligen »Hörerliste« eingetragenen studentischen Teilnehmer einer beliebigen Vorlesung ausfiel, ebenso hoch konnte der betreffende Dozent die in dem Semester anfallenden Einnahmen zugunsten seiner Existenzgrundlage veranschlagen. Da jedoch den Privatdozenten als solchen seit jeher und bis heute überhaupt keine Grundbesoldung zuerkannt wurde bzw. wird, war dieser Teil der Dozentenschaft ausschließlich auf die vergleichsweise dürftigen Einnahmen aus den von Semester zu Semester je nach der Attraktivität des Vortragenden variierenden Kolleggelder angewiesen, während das Recht der Gratis-Vorlesungen der Entscheidung der (besoldeten) Ordinarien vorbehalten blieb.

Umso auffälliger erschien daher Hegels Antrag, eine derartige Gratis-Vorlesung unter seinem damaligen Status als Privatdozent ankündigen zu dürfen. Dieser Antrag fand ausweislich der einschlägigen Fakultätsakten durchaus Befürworter unter den Ordinarien, welche eine Revision der betreffenden Statuten zugunsten der Privatdozenten unterstützten. Doch im Falle Hegels behielt eine konservative Gruppe der Ordinarien die Oberhand, so daß – trotz der Einschaltung des herzoglichen Universitätskurators – der von Ulrich erfragte »Consens« ausdrücklich versagt wurde und in der Konsequenz Hegel die betreffende Vorlesung wegfallen lassen mußte bzw. die zugehörige Vorlesungsankündigung auch nicht in das Vorlesungsverzeichnis des fraglichen Semesters einrücken durfte. Daraus ergibt sich die einfache Folgerung, daß weder Rosenkranz noch Haym in Erfahrung bringen konnten, daß Hegel zeitweilig im Jahre 1802 den Plan einer derartigen Vorlesung über Fichtes Naturrecht verfolgt hatte.

Indessen lassen die konkreten Umstände jenes fakultätsinternen Debakels einige Schlüsse auf Hegels einschlägige Auseinandersetzung mit Fichtes Naturrecht zu, die bei einer Einschätzung seiner einschlägigen Beschäftigung und konkreten Arbeit über diese Thematik während des Jahres 1802 gewisse Aufschlüsse nahelegen können.

Zunächst ist darauf hinzuweisen, daß Ulrichs Eingabe vom 4.5.1802 und d.h. relativ früh innerhalb dieses Jahres datiert ist. Hegel muß demnach zu dem fraglichen Zeitpunkt seiner Eingabe hinlängliche Vorkehrungen getroffen und Ausarbeitungen unternommen haben, die ihn mit einer sachlichen Rechtfertigung zu dieser Gratis-Vorlesung bewegen bzw. ermutigen konnten. Die Ankündigung, von welcher Ulrich jedoch handelt, kann zum selben Zeitpunkt auf gar keinen Fall mehr den Vorlesungsanzeigen für das SS 1802 gegolten haben. Eine solche Absicht verbietet sich allein schon deshalb, weil Hegel in Kenntnis der einschlägigen Statuten und – unzweifelhaft – auch der strittigen Meinungsbildung innerhalb der Fakultät mit einem langwierigen Entscheidungsprozeß hinsichtlich seines Antrages zu rechnen hatte, während dessen das SS 1802 längst begonnen haben müßte und ein nachträglicher »Consens« von Ulrich zu einer derart dramatisch nachgeschobenen Vorlesungsankündigung eines bloßen Privatdozenten als ganz unwahrscheinlich bzw. als aussichtslos gelten mußte.

Wie eine Berechnung der diversen Verhandlungen in der Fakultät bzw. wie die Terminsetzungen bezüglich einer nach gewöhnlichem Usus vorauseilenden Ankündigung von Vorlesungen sowie der Drucklegung des betreffenden Vorlesungsverzeichnisses im Jahre 1802 ausweist, kann sich der von Ulrich eingegebene Antrag Hegels einzig auf das WS 1802/03 beziehen. Ausweislich des (zuvor) gedruckten Vorlesungsverzeichnisses für das WS 1802/03 las Hegel in der Tat zwei Vorlesungen, nämlich über »Logik und Metaphysik« sowie über »Naturrecht«, so daß Ulrichs Angabe einer weiteren Vorlesung »no. 3« (über eine »Critik des Fichteschen Naturrechts«) ihren plausiblen Sitz im Leben findet. Daß jedoch diese Gratis-Vorlesung schlußendlich untersagt und entgegen der Hoffnungen Hegels sowie einer Minderheit der darüber befindenden Ordinarien der Fakultät dergestalt unterbunden werden würde, mußten Hegel und seine Befürworter zum Zeitpunkt von Ulrichs Eingabe keineswegs als definitive Entscheidung voraussehen. Im Gegenteil ergab sich in der Folgezeit während des Sommers 1802 eine längere Grundsatzdebatte über die einschlägigen Statuten der Fakultät, in deren Verlauf schließlich sogar die übergeordnete Entscheidung des Universitätskurators eingeholt werden mußte, um die bis zuletzt offenen Strittigkeiten endlich zu klären.

Wir dürfen daher davon ausgehen, daß Hegel selber bezüglich eines Erfolges seiner Antragstellung noch für beträchtliche Zeit über das Datum des 4.5.1802 hinaus davon ausgehen durfte, jene Vorlesung über Fichtes Naturrecht im Falle eines positiven Bescheides wirklich im WS 1802/03 abhalten zu können bzw. zu müssen. Eben diese Aussicht aber erlaubt einen Rückschluß über die spezifischen Vorbereitungen und (schriftlichen) Ausarbeitungen Hegels, welche sicherlich umso sorgfältiger angelegt werden mußten, als ein etwaiges Scheitern der fraglichen Vorlesung gegebenenfalls angesichts der ohnehin erregten Meinungsstreitigkeiten peinliche Konsequenzen für das akademische Ansehen Hegels nach sich gezogen hätte.

Dabei ist nämlich auf den gravierenden sachlichen Umstand der zwingenden Konsequenz zu achten, daß Hegel durch die Ankündigung von insgesamt zwei parallel abzuhaltenden Vorlesungen über die Thematik des Naturrechts, von denen eine obendrein als Gratis-Vorlesung die Aussicht auf eine fühlbar erhöhte Hörerzahl eröffnen mußte, den Dozenten in den selbstgeschaffenen Zugzwang versetzte, im Falle des einen und des anderen Vortrages für die Hörer eine deutliche und unmißverständliche Differenz des jeweiligen Vortrages auch inhaltlich zu erarbeiten. Das gilt umso mehr, da zu bedenken ist, daß Hegel im Falle einer allzu deutlichen Übereinstimmung der beiden Vorlesungen unangesehen der als Unterscheidung vorgesehenen Kritik an Fichtes einschlägigem Schrifttum von Seiten seiner Hörer den überaus peinlichen Vorwurf einer wissenschaftlichen Prellerei und Unredlichkeit zu gewärtigen gehabt hätte. Denn die zahlenden Hörer der turnusmäßigen Vorlesung über »Naturrecht« dürften es kaum ohne unangenehme finanzielle Konsequenzen toleriert haben, wenn Hegel in seiner »gratis« gegebenen Parallelvorlesung über Fichtes Naturrecht den mehr oder weniger modifizierten Lehrvortrag der honorierten Vorlesung lediglich zu repetieren gedachte.

Bis zu der definitiven Unterbindung der Vorlesung über Fichtes Naturrecht ist daher mit allergrößter Wahrscheinlichkeit davon auszugehen, daß Hegel im Laufe der ersten Hälfte des Jahres 1802 in einem auffälligen Maße mit Untersuchungen und vorbereitenden Niederschriften über die »praktische Philosophie« bzw. das »Naturrecht« befaßt war, bei welchen jedoch angesichts der selbstgeschaffenen Aufgabenstellung und den daraus herzuleitenden Zwängen desgleichen zu unterstellen sein wird, daß Hegel hierbei aus deutlich unterschiedenen Gesichtspunkten nachdrücklich voneinander abgehobenen systematische Ansätze und Entwürfe verfolgt und argumentativ ausgebildet haben muß. Umso begreiflicher aber dürfte es aus dem selben Blickwinkel dünken, wenn Hegel nach dem formalen Scheitern seines Antrages ungefähr ab dem Sommer des Jahres 1802 nicht bloß über ein mehr oder weniger in dem ersten Entwurf abgeschlossenes Vorlesungsmanuskript über Naturrecht gebot, das er mit großer Wahrscheinlichkeit vor dem SS 1802 bereits konzipiert und im Zuge desselben Semesters gewiß auch ausgebaut und vertieft haben wird, um dergestalt auch den neuerlichen Vortrag über »Naturrecht« im Wintersemester 1802/03 entsprechend zu organisieren.

Daneben aber muß er jedoch auch Niederschriften für sein spezielles Konzept einer systematischen Auseinandersetzung mit Fichtes Darstellung des Naturrechts nicht minder konkret erstellt haben, deren wirklicher Umfang mit großer Wahrscheinlichkeit bis zu der definitiven Absage der einschlägigen Vorlesung im Laufe des Sommer 1802 ihn jedenfalls in Stand gesetzt hat, im Laufe des Sommers bzw. des Herbstes 1802 auch den Aufsatz »Über die wissenschaftlichen Behandlungsarten des Naturrechts« zügig zum Druck zu bringen, in welchem eine eindringliche »Kritik des Fichteschen Naturrechts« mit deutlichen systematischen Ambitionen skizziert zu finden ist. Nichts spricht dagegen, daß Hegels einschlägige Materialien ihm im Anschluß an diese Arbeiten den Gedanken eingegeben haben könnten, die restlichen – immer noch in ihrem Umfang beträchtlichen – Entwürfe und Vorarbeiten der fraglichen Fichte-Vorlesung nunmehr in einer besonderen und systematisch deutlicher konzipierten Publikation anstelle des untersagten mündlichen Vortrages in die öffentliche Diskussion einzubringen. Daß Hegel diese Absicht dadurch konkretisieren konnte, daß er dem Reinschriftentwurf des »Systems der Sittlichkeit« eine eigene und von der ursprünglichen Zielsetzung wo nicht abrückende, so doch aus einem übergeordneten systematischen Beweisziel heraus neu entworfene Gestalt seiner Darlegungsschritte im Zuge der Ausarbeitung verleihen wollte, das trifft jedenfalls mit der oben erwähnten Beobachtung des Manuskriptbefundes zusammen, wenn darauf hinzuweisen war, daß nicht die Formulierung des Gedankenganges, dagegen wohl die gliedernde Ordnung des systematischen Aufbaus in diesem Reinschriftentwurf offenkundig für den Autor ein mehr oder weniger vorerst ad hoc zu lösendes Problem darzustellen schien.

Im gesamten Verlauf von Hegels Vorlesungstätigkeit nicht nur in Jena ist jene Ankündigung einer Vorlesung über die »Critik des Fichteschen Naturrechts« ein niemals wiederholter Ausnahmefall geblieben, insofern Hegel auch in späteren Vorlesungsankündigungen zu Jena, Heidelberg oder Berlin nie wieder eine Vorlesung angezeigt hat, die in ihrem Titel eine polemische Auseinandersetzung mit einem zeitgenössischen Konkurrenten ausweisen sollte. Dieser Umstand bzw. diese Charakteristik als eine merkwürdige Ausnahme mag auch die eingangs beschriebene isolierte Existenz des Reinschriftentwurfs »System der Sittlichkeit« in Hegels Nachlaß kennzeichnen, insofern Hegel nach dessen Niederschrift wohl niemals mehr auf inhaltliche Einzelheiten dieses Ansatzes zurückgekommen zu sein scheint.

Georg Wilhelm Friedrich Hegel

System der Sittlichkeit

[Critik des Fichteschen Naturrechts]

[EINLEITUNG]

Um die Idee der absoluten Sittlichkeit zu erkennen, muß die Anschauung dem Begriffe vollkommen adäquat gesetzt werden, denn die Idee ist selbst nichts anders als die Identität beider; diese Identität aber, damit erkannt werde, muß als ein Adäquatsein gedacht werden; aber dadurch, daß sie im Gleichsein auseinander gehalten werden, werden sie mit einer Differenz gesetzt, eines in der Form der Allgemeinheit, das andere in der Form der Besonderheit gegen das andere; daß hiemit dieses Gleichsetzen vollkommen werde, so [muß] umgekehrt dasjenige, welches hier in der Form der Besonderheit gesetzt [war], jetzt in der Form der Allgemeinheit, dasjenige, welches in der Form der Allgemeinheit gesetzt war, jetzt in der Form der Besonderheit gesetzt werden. Dasjenige aber, was wahrhaft das Allgemeine ist, ist die Anschauung, das wahrhaft Besondere aber der absolute Begriff; jedes muß also einmal unter der Form der Besonderheit, das andre Mal unter der Form der Allgemeinheit gegen das Andere gesetzt werden; das einemal die Anschauung unter den Begriff, das andre Mal der Begriff unter die Anschauung subsumiert; obgleich das letzte Verhältnis das absolute ist, aus dem angegebenen Grunde, so ist das erste ebenso absolut notwendig, damit die vollkommene Gleichheit für die Erkenntnis wäre; denn das letztere ist selbst nur ein und nur ein Verhältnis; und also darin nicht die absolute Gleichheit der Anschauung und der Erkenntnis gesetzt. Nun ist die Idee der absoluten Sittlichkeit das Zurücknehmen der absoluten Realität in sich, als in eine Einheit; so daß dieses Zurücknehmen und diese Einheit absolute Totalität ist; ihre Anschauung ist ein absolutes Volk; ihr Begriff ist das absolute Einssein der Individualitäten.

Fürs erste muß die Anschauung unter den Begriff subsumiert werden; dadurch erscheint die absolute Sittlichkeit als Natur; denn die Natur selbst ist nichts anders, | als die Subsumtion der Anschauung unter den Begriff, wodurch also die Anschauung, die Einheit das Innere bleibt, die Mannigfaltigkeit des Begriffs und seine absolute Bewegung an die Oberfläche tritt. In dieser Subsumtion wird denn die Anschauung der Sittlichkeit, die ein Volk ist, eine mannigfaltige Realität oder eine Einzelnheit, ein einzelner Mensch, und hiemit das absolute Zurücknehmen der Natur in sich, etwas über diesem einzelnen schwebendes, oder etwas Formelles, denn das Formelle ist eben die Einheit, welche nicht in sich selbst absoluter Begriff, oder absolute Bewegung ist. Zugleich eben, weil diese Einheit über dem Einzelnen schwebt, kommt er nicht daraus heraus, er abstrahiert nicht davon, sondern sie ist in ihm, aber in ihm verborgen; und sie erscheint in diesem Widerspruch, daß dieses innere Licht nicht absolut zusammenschlägt und eins ist mit dem allgemeinen, über ihm schwebenden Licht als ein ihn darnach Treibendes, als Trieb, Streben. Oder es bestimmt sich hiemit die Identität des Besondern (auf dessen Seite itzt die Anschauung getreten ist) und des Allgemeinen als eine unvollkommene Vereinigung, oder als ein Verhältnis.

I.
DIE ABSOLUTE SITTLICHKEIT NACH DEM VERHÄLTNIS

Ebenso wie im vorigen muß dies eingeteilt werden; es muß diese absolute Sittlichkeit nach dem Verhältnis, oder die natürliche Sittlichkeit betrachtet werden, so daß der Begriff unter die Anschauung und so daß die Anschauung unter den Begriff subsumiert ist; in jenem ist die Einheit, das Allgemeine das Innere, in diesem tritt sie gegenüber und ist wieder im Verhältnis mit dem Begriff oder dem Besondern. In beiden ist die Sittlichkeit ein Trieb, das heißt, er wird α) nicht absolut eins mit der absoluten Einheit, β) er geht aufs Einzelne, γ) wird in diesem Einzelnen befriedigt, diese einzelne Befriedigung ist selbst Totalität; aber δ) geht zugleich über dasselbe hinaus, dieses Hinausgehen ist aber hier überhaupt etwas Negatives, Unbestimmtes. |

Die Befriedigung selbst ist nichts anders, als daß der Begriff und die Anschauung Eins ist; sie ist also Totalität, lebendig, aber formell, weil eben diese Stufe, auf der sie ist, selbst eine bestimmte ist, also das absolute Leben sowohl über ihr schwebt, als dasselbe ein Inneres bleibt; es bleibt aber Inneres, darum, weil es nicht absoluter Begriff ist, also als inneres Leben nicht zugleich unter der Form des Entgegengesetzten, Äußern vorhanden ist; und ebendarum ist es nicht absolute Anschauung, weil es nicht in dem Verhältnisse, als solches, für das Subjekt vorhanden, also auch seine Identität nicht die absolute sein kann.

A.

Die erste Potenz ist die natürliche Sittlichkeit als Anschauung; die völlige Differenzlosigkeit derselben, oder das Subsumiertsein des Begriffs unter die Anschauung; also die eigentliche Natur.

Aber das Sittliche ist an und für sich seinem Wesen nach ein Zurücknehmen der Differenz in sich, die Rekonstruktion; die Identität geht von Differenz auf, ist ihrem Wesen nach negativ; daß sie dies sei, geht vorher, daß dasjenige, was sie vernichtet, sei. Es ist also auch diese sittliche Natürlichkeit eine Enthüllung, ein Auftreten des Allgemeinen gegen das Besondere, aber so daß dieses Auftreten selbst völlig ein Besonderes, das Identische, die absolute Quantität ganz verborgen bleibt; diese Anschauung ist, als so ganz versenkt in das Enzelne, Gefühl; und wir wollen dies die praktische Potenz nennen.

Das Wesen derselben ist, daß das Gefühl (nicht das, was man das sittliche Gefühl nennt) ein ganz einzelnes und besonderes, aber als solches getrennt sei, eine Differenz, die nicht anders aufzuheben ist, als durch ihre Negation, die der Trennung in Subjektives und Objektives, welches Aufgehobensein selbst eine vollkommene Einzelnheit und differenzlose Identität ist.

Das Gefühl der Trennung ist das Bedürfnis; das Gefühl als Aufgehobensein derselben der Genuß.

Der unterscheidende Charakter als Potenz ist, daß das Gefühl im Besonderen ist | und auf Einzelnes geht und daß es absolut Gefühl ist. Aber dieses Gefühl, das auf Aufheben der Trennung der Subjektivität und Objektivität geht, muß selbst sich als Totalität darstellen und darum die Totalität der Potenzen sein.

Dieses Gefühl a) den Begriff subsumierend, b) unter den Begriff subsumiert.

a)

Wenn das Gefühl dargestellt wird, als subsumierend den Begriff, so ist der formale Begriff desselben dargestellt: Dies ist eigentlich sein Begriff, der oben aufgestellt ist; daß [vorhanden sind] α) das Aufgehobensein des ganz absolut Identischen, Bewußtlosen, die Trennung und diese Trennung als Gefühl oder Bedürfnis, β) die Differenz gegen diese Trennung[1], welche Differenz aber negativ ist, nämlich eine Vernichtung der Trennung; also ein Vernichten des Subjektiven und Objektiven, der empirischen objektiven Anschauung, nach der das Objekt des Bedürfnisses außerhalb ist, oder die Bemühung und die Arbeit; γ) das Vernichtet*sein* des Objekts; oder die Identität der beiden ersten Momente; bewußtes Gefühl, d.h. eines [, das] aus der Differenz herkommt, *Genuß*.

Die Subsumtion des Gefühls unter den Begriff oder realer, [der] in seinen Dimensionen ausgebreitete Begriff des praktischen Gefühls stellt notwendig das Gefühl a) in seinen Dimensionen nach der Natur der Form oder des Begriffes dar, b) aber so, daß in allen ein Ganzes, Gefühl bleibt und jene Form ganz ein Äußerliches für dasselbe ist.

α) Das praktische Gefühl, oder der Genuß, eine anschauungs- und differenz-, | und also vernunftlose Identität, welches also auf absolute Vernichtung des Objekts geht und ebenso eine völlige Indifferenz des Subjekts für das Sittliche ohne Herausheben einer die entgegengesetzten in sich vereinigenden Mitte ist, also das Zurücknehmen des Anschauens in sich selbst nicht, also kein Erkennen seiner in demselben ist.

αα) Das Bedürfnis ist hier eine absolute Einzelnheit, auf das Subjekt sich einschränkendes Gefühl, das ganz der Natur angehört und dessen Mannigfaltigkeit und System zu begreifen nicht hierher gehört. Essen, Trinken.

ββ) Durch diese Differenz ist unmittelbar ein Inneres und Äußeres gesetzt und dies Äußere schlechthin bestimmt nach der Bestimmtheit des Gefühls (Eßbares, Trinkbares). Dieses Äußere hört hiedurch auf ein Allgemeines, Identisches, Quantitatives zu

[1] *Daneben und weiter unten am Rande:* Begierde ideale Bestimmung des Objekts

sein, und wird ein einzelnes Besonderes; das Subjekt, ungeachtet seines Einzelnseins in diesem Gefühl und dem in der Trennung gesetzten Verhältnisse, bleibt an sich ein Indifferentes, es ist das Allgemeine, die Potenz, das Subsumierende; die Bestimmtheit, welche das Objekt des Genusses in dieser Potenz erhält, ist völlig ideell, oder subjektiv; unmittelbar sein Entgegengesetztes; die Bestimmtheit tritt nicht in die Objektivität der Anschauung, so daß für das Subjekt etwas entstünde, welches es erkennte, als Identität des Subjektiven und Objektiven; – oder diese Identität ist allein in das Individuum gesetzt, also wird das Objekt, da es rein ideell bestimmt ist, schlechthin vernichtet.

γγ) Dieser Genuß, in welchem das Objekt rein ideell bestimmt ist und ganz vernichtet wird, ist der rein sinnliche; die Sättigung, welche die Wiederherstellung der Indifferenz und Leerheit des Individuums ist, oder seiner bloßen Möglichkeit, sittlich oder vernünftig zu sein; er ist bloß negativ, weil er auf die absolute Einzelnheit desselben und hiemit auf das Vernichten des Objektiven und Allgemeinen geht. Aber der Genuß bleibt seinem Wesen nach praktisch und unterscheidet sich von dem absoluten Selbstgefühl dadurch, daß er aus der Differenz herkommt und insofern ein Bewußtsein der Negativität des Objekts in ihm ist. |

b)

Dieses Gefühl in der Form der Differenz oder des Subsumiertseins der Anschauung unter den Begriff, muß selbst ebenso als Totalität begriffen werden;

αα) als negatives praktisches Anschauen (Arbeit), ββ) Differenz (Produkt und Besitz), γγ) Werkzeug.

Das praktische Gefühl subsumiert unter den Begriff stellt die auseinandergeworfenen Momente der Totalität als Realität dar; diese Momente sind:

α)[1] Die Vernichtung des Objekts, oder der Anschauung, aber als Moment so, daß diese Vernichtung durch eine andere An-

[1] *Daneben und weiter unten am Rande und unter dem Text fortgesetzt:* α) wird die Anschauung unter den Begriff subsumiert; das Arbeiten selbst ist das Subsumieren des Objekts, das Subjekt ist die Indifferenz,

schauung oder Objekt ersetzt wird; oder die reine Identität, Tätigkeit des Vernichtens fixiert ist; in derselben wird also abstrahiert, von dem Genuß, d.h. es kommt nicht dazu; denn hier ist jede Abstraktion eine Realität, ein Sein, das Objekt nicht vernichtet, als Objekt überhaupt, sondern so, daß ein anderes an seine Stelle gesetzt wird; denn es ist in diesem Vernichten, als der Abstraktion, nicht das Objekt, oder es ist nicht der Genuß. Dieses Vernichten aber ist die Arbeit; durch welche das durch die Begierde bestimmte [Objekt], insofern es für sich, ein durch die Begierde nicht bestimmtes, für sich reell ist, aufgehoben, und das Bestimmtsein durch die Begierde als Anschauung, objektiv gesetzt wird; es ist im Arbeiten die Differenz der Begierde und des Genusses gesetzt; dieser ist gehemmt und aufgeschoben, er wird ideell, oder ein Verhältnis, und an diesem Verhältnis durch Arbeit ist unmittelbar itzt hervortretend gesetzt: א) die Beziehung des Subjekts auf das Objekt, oder die ideale Bestimmung desselben durch die Begierde; das ist die Besitzergreifung; ב) alsdenn die | reelle Vernichtung seiner Form, denn das Objektive oder die Differenz bleibt, oder die Tätigkeit der Arbeit selbst, endlich ג) der Besitz des Produkts, oder die Möglichkeit, es als ein [für sich Reelles] sowohl durch jene erste Beziehung seiner Materie nach, als durch die zweite der Vernichtung seiner Form und der Formgebung durch das Subjekt, – zu vernichten und zum Genusse, der aber ganz ideell bleibt, überzugehen.

Der Besitz ist in der ersten Potenz des praktischen Gefühls gar nicht vorhanden und ebenso die Besitzergreifung rein als Moment, oder vielmehr sie sind nicht reell, nicht auseinandergehalten, fixiert. (Von einem rechtlichen Grund oder [einer] Seite des Besitzes kann hier gar nicht die Rede sein.)

Die Besitzergreifung ist das Ideelle dieses Subsumierens, oder die Ruhe desselben, die Arbeit, die Realität oder die Bewegung, das Eingehen des subsumierenden Subjekts in die Realität des Objekts; das dritte, die Synthese, ist der Besitz und Aufbewahren und Sparen des Objekts; es ist in ihm jene ideelle Bestimmung nach dem ersten Moment, aber als reell im Objekt nach dem zweiten.

das Subsumierende, wo das Subjekt das Subsumierende ist, ist der Begriff herrschend β) Es ist in α) schon das Produkt formell bestimmt worden; als Identität der ideellen Bestimmung, aber derselben als objektiven realen gehemmten; aber das Wesentliche war die Identität, die Tätigkeit als solche, und hiemit als Inneres; welche nicht hervortritt; am Objekt muß sie hervortreten, und diese zweite Potenz ββ betrachtet, das Verhältnis des gehemmten Gefühls zum in der Vernichtung gehemmten Objekt oder die Differenz, welche auch in der Arbeit ist, nämlich die Differenz, welche zwischen der Realität und eigenen Natur des Objekts ist, und zwischen seinem ideell Bestimmtwerden und Bestimmtsein durch die Arbeit; in αα war das Objekt das Subsumierte, hier ist es das Subjekt; oder in αα wurde das ideelle Verhältnis in der Arbeit, hier das reale betrachtet; hier wird die Arbeit eigentlich unter die Anschauung subsumiert; denn das Objekt ist an sich das Allgemeine; also wo es subsumierend ist, hat die Einzelnheit des Subjekts ihre gehörige vernünftige Stelle; es ist Begriff an sich, Differenz, und subsumiert.

Die Arbeit in αα ist ganz mechanisch, denn die Einzelnheit, die Abstraktion, die reine Kausalität ist in der Form der Indifferenz und das Herrschende, ein Äußeres also für das Objekt; denn es ist damit in Wahrheit Kausalität gesetzt, denn dies Subjekt [ist] ein einzelnes, absolut für sich seiendes, also absolute Trennung und Differenz. Wo hingegen das Objekt und das Allgemeine als subsumierend ist, ist | nicht Kausalität, denn es ist an sich die Indifferenz des Besondern; und eins mit dem Besondern, für welches die Besonderheit hiemit bloße äußere Form, nicht das innere Wesen, Subjektsein ist.

Damit, daß das Objekt die Arbeit unter sich subsumierend ist, ist es als real in dem Verhältnis (wie vorhin vernichtet, als bloße Abstraktion eines Objekts gesetzt), denn als subsumierend ist es Identität des Allgemeinen und Besondern, letzteres in der Abstraktion gegen das Subjekt; hiemit ist auch die Arbeit eine reale oder lebendige Arbeit, und ihre Lebendigkeit ist als Totalität zu erkennen, aber jedes Moment selbst als eine lebendige eigene Arbeit, als besonderes Objekt.

Es ist für das subsumierende lebendige Objekt und die lebendige Arbeit die Anschauung unter den Begriff subsumiert, dann unter die Anschauung der Begriff; und dann die Identität von beiden.

αα) Das lebendige Objekt unter den Begriff subsumiert ist die an das Element, oder die reine Quantität der Erde angebundene Pflanze, und in unendlich vieler (durch den Begriff) Produzierung ihrer eigenen ganzen Individualität und Totalität sich gegen das Element der Luft produzierend; jeder Teil der Pflanze ist selbst ein Individuum, eine vollkommene Pflanze, sie erhält sich gegen ihre unorganische Natur nur [dadurch], daß sie an jedem Punkt der Berührung sich ganz produziert (oder am Stamm abstirbt), sie ist dem Produzieren (dem absoluten Begriff, dem, das Gegenteil seiner selbst zu sein) hingegeben. Weil sie so unter der Gewalt des Elements steht, so ist die Arbeit auch vorzüglich gegen das Element gerichtet, und mechanisch, aber sie überläßt es diesem, die Pflanze zum Produzieren zu nötigen; die Arbeit kann nicht oder wenig von der spezifischen Lebendigkeit derselben haben; sie ist dadurch lebendiger, daß sie ganz nur die äußere Form des Elements verändert, nicht es chemisch zerstört, und dieses eine unorganische Natur, die selbst nur in Beziehung auf Lebendiges ist, und dieses gewähren läßt.

ββ) Der Begriff des Lebendigen unter die Anschauung subsumiert ist das Tier; denn weil diese Subsumtion selbst einseitig [ist], nicht hinwiederum auf gleiche Weise die Anschauung unter den Begriff subsumiert, so ist die Lebendigkeit eine empirisch reale, unendlich zerstreute und in den vielfachsten Formen sich darstellende; | denn die Form oder der absolute Begriff ist nicht selbst wieder, Einheit, Allgemeinheit; es ist also eine Individualität ohne Intelligenz; nicht wie bei der Pflanze jede Einheit des Individuums selbst eine Menge solcher, sondern Indifferenz in ausgedehnterer Differenz und Unterscheidung.

Die Arbeit gegen das Tier ist hiemit weniger an seine unorganische Natur gerichtet als an die organische selbst, weil das Objektive nicht ein äußeres Element, sondern die Indifferenz der Individualität ist. Das Subsumieren ist bestimmt als ein Bändigen der Besonderheit des Tiers für die Art des Gebrauchs, die seiner Natur angemessen ist; bald mehr negativ, ein Bezwingen, bald positiver, als ein Vertrauen des Tiers; bald auch wie gegen die Pflanze elementarisch für die Tiere, die zum Vernichtetwerden im Essen bestimmt sind, [daß] also bloß ihr natürliches Produzieren bestimmt wird.

Wenn der Gebrauch der Pflanzen sehr einfach ist, und die Arbeit für dieselben als ein Bedürfnis des Subjekts, oder wie sie in subjektiver Form vorhanden ist, aufgezeigt werden soll, so ist es die unorganische, oder wenig organisierte und individualisierte Nahrung, also keine Nahrung einer höhern Differenz des Individuums, des menschlichen oder des tierischen; eine schwache Irritabilität, unkräftiges Hinausgehen, ein Vernichten, das wegen der schwachen Individualität der Pflanze selbst ein schwaches ist – und dann zum Vergnügen sind es sinnliche Genüsse, die dadurch feiner sind als das Vernichten, weil die Pflanze nicht vernichtet wird (Riechen, Sehen); oder dies ist die Potenz des Genusses der Pflanzen, wie die Potenz gegen das Tier, ihr Bezähmen; er geht die Sinne an, denn die Sinne sind die Tierpotenz im Mensch, eine Individualität des Gefühls, das als Sinn ein Individuum ist, nicht wie Arm u.s.w., sondern eine vollständige Organisation. Das Essen der Pflanze ist als Genuß Subsumtion des Begriffs unter die Anschauung als Gefühl; die Arbeit hingegen für die Pflanze ist Subsumtion der Anschauung unter den Begriff. So ist die Kultur der Pflanzen, ihr Bezähmen, Subsumtion des Begriffs unter die Anschauung von Seiten der Arbeit; als[1] Genuß umgekehrt, denn der Genuß der einzelnen Sinne ist Vereinzelung desselben. |

Die Bezähmung der Tiere subjektiv betrachtet ist mannigfaltigeres Bedürfnis, aber insofern sie Mittel sind, können sie hier noch nicht bedacht werden, denn das wäre nicht eine Subsumtion des Begriffs unter die Anschauung, nicht die Rücksicht der lebendigen Arbeit; – diese ist ein Assoziieren derselben für die Bewegung und Stärke, und die Freudigkeit dieser Vermehrung ist zunächst diese Rücksicht, welche hieher gehört.

γγ) Die absolute Identität beider Potenzen ist, daß der Begriff der ersten mit der Identität der zweiten eins, oder absoluter Begriff sei: die Intelligenz. Die Arbeit, unter diese Anschauung subsumiert, ist einseitiges Subsumieren insofern, als durch dasselbe dieses Subsumieren selbst aufgehoben wird; sie ist Totalität, eben damit das getrennte Subsumieren der ersten und zweiten Potenz hier zumal gesetzt; der Mensch ist Potenz, Allgemeinheit für den andern, aber der andre ebenso, und so macht

[1] *Daneben und weiter unten am Rande:* NB. Genuß und Arbeit sind in Ansehnung der Subsumtion umgekehrt.

seine Realität, sein eigentümliches Sein, das Wirken in ihn zu einer Aufnahme in die Indifferenz, und er ist itzt das Allgemeine gegen den ersten; und die Bildung ist dieses absolute Abwechseln in dem absoluten Begriff, worin jedes Subjekt und Allgemeines absolut zugleich, seine Besonderheit unmittelbar zur Allgemeinheit macht, und in dem Schwanken in dem momentanen Setzen als Potenz eben sich als Allgemeines setzt, und damit dieses Potenzsein und die Allgemeinheit unvermittelt in demselben, gegen sich hat, und also selbst Besonderes wird. Die ideale Bestimmung des andern ist objektiv, aber so daß diese Objektivität unmittelbar auch sich subjektiv setzt, und Ursache wird; denn daß etwas Potenz fürs andere sei, muß es nicht bloß Allgemeinheit und Indifferenz sein im Verhältnis gegen dasselbe, sondern als das für sich Seiende, Gesetzte, oder ein wahrhaft absolut Allgemeines; und dieses ist die Intelligenz im höchsten Grade; nach eben derselben Rücksicht ein Allgemeines, als sie ein Besonderes ist, beides unvermittelt und absolut Eins; da Pflanze und Tier es in verschiedener Rücksicht sind.

Daß er die Identität der beiden ersten Potenzen ist, ist der Begriff dieses Verhältnisses, aber als Totalität ist es selbst unter der Form der drei Potenzen.

א) Als Gefühl oder als reine Identität; nach demselben ist das Objekt bestimmt als eines, dessen begehrt wird; aber hier soll das Lebendige nicht durch Bearbeitung bestimmt sein; es soll sein ein absolut Lebendiges, und seine Realität, sein für sich selbst [Sein] schlechthin so bestimmt, als das dessen begehrt wird, d. i. durch die | Natur ist das Verhältnis der Begierde vollkommen objektiv, das eine in der Form der Indifferenz, das andere [in der Form] des Besonderseins; diese höchste organische Polarität in der vollkommensten Individualität eines jeden Pols ist die höchste Einheit, welche die Natur hervorbringen kann; denn darüber kann sie nicht hinaus, daß die Differenz nicht reell, sondern absolut ideell sei; die Geschlechter sind schlechthin im Verhältnis, eins das Allgemeine, das andere das Besondere; nicht absolut gleich; also ist auch ihr Einssein nicht nach der Weise des absoluten Begriffs, sondern weil es vollkommen ist, das differenzlose Gefühl. Die Vernichtung der eigenen Form ist gegenseitig, aber nicht absolut gleich; es schaut sich jedes in dem andern an, als zugleich ein fremdes, und dieses ist die Liebe; die

Unbegreiflichkeit dieses sein selbst Seins in einem fremden gehört darum der Natur, nicht der Sittlichkeit, denn diese ist, in Beziehung auf die differenten, absolute Gleichheit beider; in Beziehung auf das Einssein absolutes Einssein durch die Idealität; jene Naturidealität aber bleibt in der Ungleichheit und darum in der Begierde, in welcher das eine bestimmt ist als ein subjektives, das andre als ein objektives.

ב) Ebendies lebendige Verhältnis, so daß in ihm die Anschauung unter den Begriff subsumiert ist, ist als Bestimmtheit der Entgegengesetzten ideell; aber so daß um der Herrschaft des Begriffs willen die Differenz bleibt, aber ohne Begierde; oder die Bestimmtheit der Entgegengesetzten ist eine oberflächliche, nicht natürliche, reale, und das Praktische geht zwar auf die Aufhebung dieser entgegengesetzten Bestimmtheit, aber nicht in einem Gefühl, sondern so daß sie Anschauung seiner selbst in einem fremden wird, und also mit gegenüberstehender vollkommener Individualität endigt, hiedurch das Einssein der Natur mehr aufgehoben wird. Dies ist das Verhältnis von *Eltern* und *Kindern*. Das absolute Einssein beider trennt sich unmittelbar in das Verhältnis; das Kind ist der subjektive Mensch, aber so daß diese Besonderheit ideell, ein Äußeres nur die Form ist. Die Eltern sind das Allgemeine, und die Arbeit der Natur geht auf die Aufhebung dieses Verhältnisses, so wie die der Eltern, welche die äußere Negativität des Kindes immer mehr aufheben, und ebendadurch eine größere innere Negativität und damit höhere Individualität setzen. |

ג) Die Totalität aber der Arbeit ist die vollkommene Individualität und damit Gleichheit der Entgegengesetzten, worin das Verhältnis gesetzt und aufgehoben ist, in der Zeit erscheinend alle Augenblicke eintritt und in das Entgegengesetzte umschlägt, nach dem obigen; die allgemeine Wechselwirkung und *Bildung* der Menschen; ihre absolute Gleichheit ist auch hier im Innern, und nach der ganzen Potenz, in der wir sind, ist das Verhältnis nur beständig im Einzelnen. Ein Anerkennen, das gegenseitig ist, oder die höchste Individualität und äußere Differenz. Es geht hier in diesen Potenzen von der ersten zur dritten auseinander, oder die Vereinigung des Gefühls hebt sich auf; aber eben damit auch die Begierde und das ihr gemäße Bedürfnis, und jedes ist ein gleiches, selbstständiges Wesen. Daß auch das Verhältnis solcher Liebe und Empfindung ist, ist äußere Form, die nicht sein Wesen angeht, welches die Allgemeinheit ist, in der sie stehen.

c)

Die beiden ersten Potenzen sind relative Identitäten; die absolute Identität ist ein Subjektives, außer ihnen; aber da diese Potenz selbst Totalität ist, so muß das Vernünftige als solches hervortreten und reell sein, das in der Vorstellung der formellen Potenzen verborgen liegt. Dies Vernünftige ist dasjenige, was in die Mitte tritt, und von der Natur des Subjektiven und Objektiven, oder das Vermittelnde beider ist.

Diese Mitte existiert ebenso unter der Form der drei Potenzen:

α) Der Begriff unter die Anschauung subsumiert, gehört darum ganz der Natur an, weil die Differenz, nach welcher das Intelligente ist, nicht als Subsumtion der Anschauung unter den Begriff in ihm vorhanden und also absolute Indifferenz ist, nicht nach der Natürlichkeit, die in den formellen Potenzen vorkommt, welche sich nicht von der Differenz befreien kann. Zugleich ist diese Mitte nicht die formale Identität, die bisher als Gefühl vorkam, sondern eine reale absolute Identität, ein reales absolutes Gefühl, das absolute Mitte in dieser ganzen Seite der Realität für sich ist, als Individuum existiert. Solche Mitte ist das K i n d; es ist das höchste, individuelle Naturgefühl, ein Gefühl von solcher Totalität der lebendigen Geschlech|ter, daß sie ganz in ihm sind, daß es also absolut real und selbst für sich individuell und reell [ist]. Realisiert wird das Gefühl, daß es die absolute Indifferenz der natürlichen Wesen ist, so daß in ihr keine Einseitigkeit, kein Mangel von irgend einem Umstande ist; die Einheit derselben ist darum unmittelbar reell, und weil sie nach der Natur selbst reell und getrennte sind, ihre Individualität nicht aufheben können, so ist die Realität ihrer Einheit ebenso ein eigenes reelles Wesen, und Individuum; in diesem vollkommen individualisierten und realisierten Gefühl schauen die Eltern ihre Einheit als Realität an, sie sind es selbst und es ist ihre herausgeborene sichtbare Identität und Mitte; die reale Vernünftigkeit der Natur, worin die Differenz der Geschlechter vollkommen vertilgt, und beide in absoluter Einheit sind; lebendige Substanz.

β) Die Anschauung unter den Begriff subsumiert ist die Mitte in der Differenz, oder es ist allein die Form, an welcher die reale Mitte ist, die Substanz aber ist tote Materie; die Mitte ist als solche ganz äußerlich nach der Differenz des Begriffs, das Innere ist reine leere Quantität. Diese Mitte ist das Werkzeug. Es ist, weil in ihm die Form oder der Begriff das Herrschende ist, der Natur entrissen, der die Mitte der Geschlechterliebe angehört, und in der Idealität, als dem Begriff angehörig; oder die absolute Realität, welche nach dem Wesen des Begriffs vorhanden ist. Im Begriffe ist die Identität unerfüllt leer, er zeigt nur die Extreme sich vernichtend; hier ist die Vernichtung gehemmt, die Leerheit ist real, und ebenso die Extreme fixiert. Nach einer Seite ist es subjektiv, in der Gewalt des arbeitenden Subjekts, und ganz bestimmt durch dasselbe, zubereitet und bearbeitet, nach der andern objektiv gegen den Gegenstand der Arbeit gerichtet. Durch diese Mitte hebt das Subjekt die Unmittelbarkeit des Vernichtens auf, denn die Arbeit als ein Vernichten der Anschauung ist ebenso eine Vernichtung des Subjekts, eine Negation, bloße Quantitativität in ihm setzendes; Hand und Geist werden stumpf durch sie; d. h. sie nehmen selbst die Natur des Negativen und Formlosen an, sowie auf der andern Seite (denn das Negative, die Differenz ist gedoppelt) die Arbeit ein schlechthin einzelnes Subjektives ist. Im Werkzeug macht das Subjekt eine Mitte, zwischen sich und das Objekt, und diese Mitte ist die reale Vernünftigkeit der Arbeit; denn daß die Arbeit | als solche, und das bearbeitete Objekt, selbst Mittel sind, ist eine formelle Mittelheit, indem das, für welches sie sind, außer ihnen ist, also die Beziehung des Subjektiven auf das Objektive eine vollkommen getrennte, bloß im Subjektiven in dem Gedanken der Intelligenz innen bleibt. Im Werkzeug trennt das Subjekt sein Stumpfwerden, und die Objektivität von sich ab, es gibt ein anderes der Vernichtung hin, und wältzt auf es den subjektiven Teil derselben; zugleich hört seine Arbeit auf etwas Einzelnes zu sein; die Subjektivität der Arbeit ist im Werkzeug zu einem Allgemeinen erhoben; jeder kann es nachmachen, und ebenso arbeiten; es ist insofern die beständige Regel der Arbeit.

Um dieser Vernünftigkeit des Werkzeugs willen steht es als die Mitte, höher sowohl als das Arbeiten, als auch als das (für den Genuß, wovon hier die Rede ist) bearbeitete Objekt, und als der Genuß, oder der Zweck; und um deswillen haben auch alle in der Naturpotenz stehenden Völker das Werkzeug so geehrt, und in Homer finden wir die Achtung für dasselbe und das Bewußtsein darüber aufs schönste ausgedrückt.

γ) Das Werkzeug steht unter der Herrschaft des Begriffs, und gehört darum der differenten oder mechanischen Arbeit an; das Kind ist die Mitte als absolut reine, einfache Anschauung. Die Totalität beider aber muß eben diese Einfachheit haben, aber zugleich die Idealität des Begriffs; oder im Kind muß in sein substantielles Wesen die Idealität der Extreme des Werkzeugs kommen; im Werkzeug ebendadurch [in] das tote Innere eine Idealität und die Realität der Extreme verschwinden; es muß eine Mitte sein, welche vollkommen ideell ist, als absolute Idealität ist allein der absolute Begriff, oder die Intelligenz; die Mitte muß intelligent sein; aber nicht individuell, noch subjektiv; von jenem nur eine unendlich verschwindende und sich darstellende Erscheinung; ein leichter ätherischer Körper, der vergeht, wie er gebildet ist; nicht eine subjektive Intelligenz, noch ein Akzidenz derselben, sondern die Vernünftigkeit selbst, als reell, aber so daß diese Realität selbst ideell und unendlich ist und unmittelbar in ihrem Sein auch ihr Gegenteil ist, nämlich nicht zu sein; also ein ätherischer Körper, der die Extreme darstellt, also reell ist nach dem Begriff, aber auch seine Idealität hat, daß das Wesen dieses Körpers ist, unmittelbar zu vergehen, und seine Erscheinung dieses unmittelbare Aneinander|geknüpftsein des Erscheinens und Vergehens ist. Solche Mitte ist hierdurch intelligent, sie ist subjektiv, oder in den Individuen der Intelligenz, aber objektiv allgemein, in ihrer Körperlichkeit, und jenes Subjektivsein ist um der Unmittelbarkeit der Natur dieses Wesens [willen] unmittelbar als Objektivität. Diese ideelle vernünftige Mitte ist die Rede, das Werkzeug der Vernunft, das Kind der intelligenten Wesen. Die Substanz der Rede ist wie das Kind, das Unbestimmteste, Reinste, Negativste, Geschlechtsloseste, und um ihrer absoluten Weichheit und Durchsichtigkeit willen aller Formen fähig; ihre Realität ist vollkommen in die Idealität aufgenommen, und sie zugleich individuell, sie hat Form oder eine Realität, sie ist ein Subjekt, ein für sich Seiendes; sie muß dadurch von dem formellen Begriff der Rede unterschieden werden, für welche die Objektivität als solche eine Rede ist; aber diese Objekivität ist nur eine Abstraktion; denn die Realität des Objekts ist auf eine andre Weise subjektiv als es subjektiv ist; die Objektivität ist nicht selbst absolute Subjektivität.

Die Totalität der Rede in der Form der Potenzen

א) der Natur, oder der innern Identität, das bewußtlose Annehmen eines Körpers, der so schnell vergeht als er ist, aber der ein Einzelnes ist, nur die Form der Objektivität hat, nicht sich an sich und auf sich selbst trägt, sondern in einer fremden Realität und Substanz erscheint. Die Gebärde, die Miene und die Totalität derselben, die Affektion des Auges ist nicht die fixe Objektivität oder die Abstraktion derselben, sondern sie ist verflüchtigt, und ein Akzidenz; ein bewegliches, ideelles Spiel; aber diese Idealität ist nur Spiel in einem andern, das das Subjekt, die Substanz desselben ist; es drückt sich als Empfindung aus, und geht an Empfindung, oder es ist in der Form reiner Identität, zwar artikulierter, wechselnder Empfindung, aber das eben in jedem Moment ganz ist, ohne die Idealität seines Objektiven, und ohne die eigene Körperlichkeit, zu der die Natur nicht herauskommen kann.

ב) Die Anschauung der Rede unter den Begriff subsumiert; so hat sie einen eigenen Körper, denn ihre ideelle Natur ist in den Begriff gesetzt, und er das Fixierte, ihr Träger; dieser Körper ist eine äußere Materie, welche aber als solche, in ihrer substantiellen Innerlichkeit und [in ihrem] Fürsichsein ganz vernichtet, ohne Bedeutung und ideell ist; aber weil der Begriff das Herrschende ist, ist dieser Körper ein Totes, das | sich nicht unendlich in sich vernichtet, sondern hierin in der Differenz, nur äußerlich für dasselbe vernichtet ist. So ist sein Gedoppeltsein ebenfalls eine Äußerlichkeit; es drückt nichts aus als die Beziehung auf das Subjekt und auf das Objekt, deren ideelle Mitte es ist; aber diese Verbindung erhält es durch ein subjektives außer demselben sie Denkendes. Durch sich selbst drückt es sie negativ, durch sein Vernichtetsein als Subjekt oder eine eigene Bedeutung für sich zu haben, durch seine innre Bedeutungslosigkeit aus, so daß es die Mitte ist, insofern es ein Ding, eine Bestimmtheit für sich ist, und doch gar nichts für sich, kein Ding, unmittelbar dies Gegenteil seiner selbst ist, für sich und schlechterdings nicht für sich, sondern ein anderes zu sein, also [daß] der absolute Begriff hier reell objektiv ist. Körperliches Zeichen; es ist die Idealität des Werkzeugs, wie die Miene die Idealität des Kindes; und wie es vernünftiger ist ein Werkzeug zu machen als ein Kind, so ist ein körperliches Zeichen vernünftiger als Gebärde. Das Zeichen drückt, da es dem absoluten Begriff entspricht, keine Gestalt aus, als welche der in die Indifferenz aufgenommene absolute Begriff ist; aber da es nur den Begriff ausdrückt, so ist es an das formell Allgemeine gebunden; wie die Miene und Gebärde eine subjektive Sprache ist, so ist das körperliche Zeichen eine objektive; wie jene nicht sich vom Subjekt losreist, noch frei wird, so bleibt diese ein Objektives, und trägt ihr Subjektives, das Erkennen, nicht unmittelbar an sich selbst; es ist darum auch an das Objekt geheftet, und drückt an ihm, aber frei von ihm, so daß es nicht eine Bestimmtheit desselben, sondern nur zu ihm hinzugetreten und ihm zufällig bleibt, gerade durch die Zufälligkeit der Verbindung eine Beziehung auf etwas Subjektives aus, die aber ganz unbestimmt dargestellt ist, und erst hinzugedacht werden muß; es drückt deswegen auch die Beziehung des Besitzes eines Objekts gegen das Subjekt aus.

ג) Die tönende Rede vereinigt die Objektivität des körperlichen Zeichens und die Subjektivität der Gebärde; die Artikulation der letztern mit dem für sich Sein des erstern; sie ist die Mitte der Intelligenzen, Logos, das vernünftige Band derselben. Die abstrakte Objektivität, welche ein stummes Anerkennen ist, gewinnt in ihr eigenen, unabhängigen, für sich, aber nach der Weise des Begriffs seienden Leib, der sich nämlich unmittelbar selbst vernichtet; mit der tönenden Rede tritt | unmittelbar das Innere in seiner Bestimmtheit heraus, und das Individuum, die Intelligenz, der absolute Begriff, stellt sich in derselben unmittelbar als rein Einzelnes und Fixiertes dar, oder sie ist die Körperlichkeit der absoluten Einzelnheit, durch welche alle Unbestimmtheit artikuliert und festgesetzt wird, und eben durch diese Körperlichkeit unmittelbar das absolute Anerkennen. Der Klang des Metalls, das Rauschen des Wassers, und das Gebrause des Windes, [sind] nichts aus dem Innern, aus absoluter Subjektivität heraus sich in sein Gegenteil Umwandelndes, sondern entstehen durch Bewegung von außen. Die Stimme des Tieres kommt aus seiner Punktualität, oder seinem Begriffsein, aber gehört wie das Ganze derselben der Empfindung an; die meisten Tiere schreien in der Todesgefahr, es ist schlechthin nur ein Hinausgehen der Subjektivität, etwas Formales, dessen höchste Artikulation in dem Gesange der Vögel nicht aus Intelligenz, nicht aus der vorgehenden Verwandlung der Natur in ein Subjektives kommt. Die absolute Einsamkeit, in welcher die Natur in der Intelligenz drinnen ist, fehlt dem Tier, es hat sie nicht in sich zurückgenommen und gebiert seine Stimme nicht aus der Totalität, welche in dieser Einsamkeit ist, sondern sie ist ein Leeres, Totalitätsloses, Formales. Die Körperlichkeit der Rede aber stellt die Totalität resumiert in die Individualität dar; das absolute Einbrechen in den absoluten Punkt des Individuums, dessen Idealität in ein System inwendig auseinander getrieben ist. – Sie ist die höchste Blüte der ersten Potenz, aber in dieser nicht nach ihrem Inhalt betrachtet, sondern formell, als die Abstraktion der höchsten Vernünftigkeit und Gestalt der Einzelnheit; aber als diese reine Rede geht sie nicht über die Einzelnheit hinaus.

Das Negative dieser Potenz ist Not, der natürliche Tod, die Gewalt und Verwüstung der Natur, auch der Menschen gegeneinander, oder Verhältnis zur organischen Natur; aber ein natürliches Verhältnis. |

B.
Zweite Potenz der Unendlichkeit, Idealität, im Formellen oder in dem Verhältnis

Sie ist die Subsumtion der Anschauung unter den Begriff, oder das Hervortreten des Ideellen und das Bestimmtwerden des Besondern oder Einzelnen durch dasselbe; es hat Kausalität, aber als rein Ideelles; denn diese Potenz ist selbst eine formelle; das Ideelle ist nur die Abstraktion des Ideellen; es ist noch nicht davon die Rede, daß es als solches sich für sich konstituiert, und eine Totalität wird; wie in der vorigen Potenz das Einzelne, so ist hier das Allgemeine herrschend; in der ersten bleibt dieses versteckt ein Inneres, und die Rede selbst ist dort nur betrachtet als ein Einzelnes, in ihrer Abstraktion.

In dieser Subsumtion hört unmittelbar die Einzelnheit auf; sie wird ein Allgemeines, das schlechthin Beziehung auf andere hat. Über diesen formalen Begriff aber wird die lebendige Naturbeziehung ebenso ein fixiertes Verhältnis, das sie vorher nicht war; auch über ihr muß die Allgemeinheit schweben, und es unterwerfen, die Liebe, das Kind, die Bildung, das Werkzeug, die Rede, sind objektiv und allgemein, Beziehungen, Verhältnisse, aber natürliche, ununterworfene, zufällige, unregierte, nicht selbst in die Allgemeinheit aufgenommene; die Allgemeinheit ist an und [in] ihnen selbst, nicht herausgetreten noch ihnen entgegengesetzt.

Diese subsumierende Allgemeinheit von Seiten der Besonderheit angesehen, so ist in dieser Potenz nichts, was nicht Beziehung auf andere Intelligenzen hätte, so daß eine Gleichheit unter ihnen gesetzt [ist], oder es ist die Allgemeinheit, welche so an ihnen erscheint.

a)

Dieses Verhältnis des entgegengesetzten Allgemeinen zu Besondern, wie es im Besondern erscheint, oder Subsumtion desselben unter die Anschauung; das Allgemeine im Einzelnen oder Besondern selbst herrschend, bezieht sich nur auf dieses | Einzelne; oder das Einzelne ist das erste, nicht das Ideelle über ihm schwebend, noch eine Mannigfaltigkeit von den Besondern unter dasselbe subsumiert. Dieses ist im rein praktischen, realen, mechanischen Verhältnis der Arbeit und des Besitzes.

א) Das Besondere, in welches das Allgemeine versetzt wird, wird dadurch ideell, und diese Idealität ist ein Verteilen desselben; das ganze Objekt wird nach der Bestimmtheit nicht überhaupt vernichtet, sondern diese Arbeit, die auf den Gegenstand als ein Ganzes geht, verteilt sich in sich selbst und wird ein einzelnes Arbeiten; und dieses einzelne Arbeiten wird ebendadurch mechanischer, weil die Mannigfaltigkeit aus ihm ausgeschlossen, also es selbst ein allgemeineres, der Ganzheit fremderes wird. Diese Art des Arbeitens, die sich so verteilt, setzt zugleich voraus, daß das übrige der Bedürfnisse auf eine andere Weise erhalten wird; da diese auch bearbeitet sein müssen, durch die Arbeit anderer Menschen. In dieser Abstumpfung der mechanischen Arbeit liegt aber unmittelbar die Möglichkeit, sich ganz von ihr abzutrennen; weil die Arbeit ganz quantitativ ohne Mannigfaltigkeit ist, also das Subsumieren derselben in der Intelligenz sich aufhebt, so kann ein absolut Äußeres, ein Ding, durch sein sich gleich Sein und ebenso in seiner Arbeit als reine Bewegung gebraucht werden; es kommt nur darauf [an], ein ebenfalls totes Prinzip der Bewegung für dasselbe zu finden; eine sich differentiierende Gewalt der Natur, wie die Bewegung des Wassers, des Windes, des Dampfens u.s.w., und das Werkzeug geht in die Maschine über, indem die Unruhe des Subjektiven, des Begriffs, selbst außer dem Subjekt gesetzt wird.

ב) Wie das Subjekt und seine Arbeit sich hier bestimmt, so bestimmt sich auch das Produkt der Arbeit, es ist ein vereinzeltes, und darum reine Quantität für das Subjekt; da seine Quantität nicht mit der Totalität der Bedürfnisse im Verhältnis ist, sondern es überschreitet, Quantität überhaupt und in der Abstraktion, so hat dieser Besitz seine Bedeutung auf das praktische Gefühl des Subjekts verloren, ist nicht mehr Bedürfnis für dasselbe, sondern Überfluß; seine Beziehung auf den Gebrauch ist deswegen eine allgemeine, und, diese Allgemeinheit in ihrer Realität gedacht, – | auf den Gebrauch anderer. Weil es für sich in Beziehung auf das Subjekt eine Abstraktion des Bedürfnisses überhaupt ist, so ist sie eine allgemeine Möglichkeit des Gebrauchs, nicht des bestimmten, den sie ausdrückt, denn dieser ist vom Subjekt abgetrennt.

ג)[1] Das Subjekt ist [nicht] bloß bestimmt, als ein Besitzendes, sondern in die Form der Allgemeinheit aufgenommen; als ein in Beziehung auf andere Einzelnes, und allgemein Negatives; als ein anerkanntes Besitzendes; denn das Anerkennen ist das Einzelnsein, die Negation, so daß sie als solche fixiert bleibt, aber ideell, in andern ist; bloß die Abstraktion der Idealität, nicht die Idealität in ihnen ist. Besitz ist in dieser Rücksicht Eigentum; die Abstraktion der Allgemeinheit, an demselben aber ist das Recht; (es ist lächerlich, alles unter der Form dieser Abstraktion, als Recht betrachten zu wollen; es ist etwas ganz Formelles α) in seiner Mannigfaltigkeit unendlich, und totalitätlos; β) ohne allen Inhalt, an sich.) Das Individuum ist Eigentümer, rechtlicher Besitzer nicht absolut, an und für sich; seine Persönlichkeit oder die Abstraktion seiner Einheit und Einzelnheit ist bloß eine Abstraktion und ein Gedankending; auch ist es nicht die Individualität, in welcher das Recht und Eigentum liegt, denn sie ist die absolute Identität, oder selbst eine Abstraktion; sondern es ist allein in der relativen Identität des Besitzes, insofern diese relative

[1] *Original:* c)

Identität die Form der Allgemeinheit hat; Recht an Eigentum ist Recht an Recht; Eigentumsrecht ist die Seite, die Abstraktion an dem Eigentum, nach welcher es ein Recht ist, für dessen andere, das Besondere, der Besitz bleibt.

Das Negative dieser Potenz gegen das Allgemeine ist die Beziehung der Freiheit; oder das Negative, insofern es sich positiv konstituiert, und in Differenz gegen das Allgemeine setzt, also in Beziehung auf dasselbe, nicht der Mangel und die Einhüllung der Differenz; in letzterer unentwickelter Rücksicht würden die vorhergehenden Potenzen das Negative derselben sein.

Das mechanisch Negative, was einer vom Subjekt bestimmten Besonderheit widerstreitet und nicht paßt, gehört nicht hieher; es ist gar nicht für diese Bestimmtheit, insofern sie praktisch ist, sondern diese Rücksicht gehört ganz der Natur an. – Das Negative kommt hier allein in Betracht, insofern es dem Allgemeinen als solchen | widerstreitet, und als eine Einzelnheit es verleugnet und davon abstrahiert, nicht insofern die Einzelnheit seine Form wahrhaft vernichtet – denn darin setzt es dasselbe als wahrhaft ideell, und sich als Eins mit ihm –, hingegen wenn es dasselbe nicht vernichten, sich nicht mit ihm vereinigen kann, sondern in Differenz mit ihm ist. – Das Negative besteht also im Nichtanerkennen des Eigentumes, im Aufheben desselben; aber das Eigentum ist hier selbst gesetzt, als nicht notwendig, nicht auf den Gebrauch und Genuß des Subjekts bezogen; die Materie, insofern sie als ein Allgemeines gesetzt ist, ist es selbst hiemit als ein Negatives; die Beziehung des Subjekts auf sie ist selbst bestimmt als eine bloß mögliche. Die Negation kann also bloß diese Form, oder die Materie nicht selbst, sondern sie als Allgemeines betreffen; es wird ein Überfluß, was schon für sich keine Beziehung auf das Bedürfnis hat aufgehoben, was die Bestimmung hat, aus der Beziehung des Besitzes zu treten. Ob dieses Aufheben, die Negation, der Bestimmung gemäß sei oder nicht, muß sich aus der folgenden Potenz ergeben.

b)
Die Subsumtion der Anschauung unter den Begriff

Es ist ein Verhältnis des Subjekts zu seiner überflüssigen Arbeit gesetzt, die in dieser Beziehung auf dasselbe ideell, keine reale Beziehung auf den Genuß hat; zugleich aber ist diese Beziehung herausgetreten als ein Allgemeines, oder als eine reine Abstraktion, oder Unendliches, der Besitz im Recht als Eigentum. Seiner Natur nach aber hat das, was besessen wird, nur eine reale Beziehung auf das Subjekt, zum Vernichten, und die vorhin ideelle Beziehung des Besitzes auf das Subjekt soll itzt reell werden. Das Unendliche, als das Positive dieser Potenz überhaupt, ist das Feste, und soll bleiben, nämlich das Recht; ebenso die ideale Beziehung des Besitzes, und doch soll er realisiert werden. Die ganze Potenz überhaupt ist die der Differenz, diese gegenwärtige Dimension ist ebenfalls Differenz; also Differenz der Differenz; vorhin die ruhende, hier die bewegte; [in] dem Begriff liegt die Differenz, das Verhältnis eines Subjekts zu einem als bloß möglich bestimmten. | Durch die neue Differenz wird die Beziehung des Subjekts auf seine Arbeit aufgehoben, aber weil die Unendlichkeit, das Recht als solches bleiben muß, so tritt an jene ideelle Beziehung des Überflusses, nach dem Begriff die entgegengesetzte, die reelle, die Beziehung auf Gebrauch und Bedürfnis; die Trennung ist stärker, aber eben darum der Trieb zur Vereinigung; wie der Magnet seine Pole ohne Trieb derselben auseinanderhält, aber zerhauen, diese Identität, aufgehoben, Elektrizität, stärkere Trennung, realer Gegensatz, Trieb zur Vereinigung ist. Was hier aufgehoben wird, ist das Einssein mit dem Objekt durch eigene Arbeit, individuelle eigene Bestimmung desselben (Magnetismus); was an die Stelle tritt, ist reale Differenz, Aufgehobensein der Identität des Subjekts und Objekts; und dadurch reale Vernichtung des Entgegengesetzten, oder eine Differenz, welche Beziehung auf das Bedürfnis hat. – In dieser ganzen (a und b) Potenz fängt erst die durchgängige Idealität an, und die wahrhaften Potenzen der praktischen Intelligenz; mit der überflüssigen Arbeit hört sie auf, in dem Bedürfnis und der Arbeit, dem Bedürfnis und der Arbeit anzugehören. Das Verhältnis zu einem Objekt, das sie für das Bedürfnis und den Gebrauch erwirbt, das hier gesetzt wird, nämlich, das sie nicht selbst zu ihrem Gebrauch verarbeitet hat, in dem sie nicht ihre eigene Arbeit vernichtet, ist der Anfang des rechtlichen, formal sittlichen Genusses und Besitzes.

Das Absolute, Unvertilgbare beider Potenzen, ist der absolute Begriff, das Unendliche selbst, das Recht; in der ersten ruhend, oder in seiner Entgegensetzung bestehend, und deswegen innerlich versteckt und verborgen; in der zweiten in Bewegung, das Akzidenz sich durchs Akzidenz aufhebend, durch das Nichts durchgehend, also das Recht hervortretend, gegenüberstehend, als Kausalität.

Diese reine Unendlichkeit des Rechts, seine Untrennbarkeit, reflektiert an dem Ding, dem Besondern selbst, ist seine Gleichheit mit andern, und die Abstraktion dieser Gleichheit eines Dings mit andern, die konkrete Einheit und Recht ist der Wert, oder vielmehr ist der Wert selbst die Gleichheit als Abstraktion, das ideale Maß; das wirklich gefundene, empirische Maß aber der Preis.

In der Aufhebung der individuellen Beziehung bleibt α) das Recht, β) das an Bestimmten in der Form der Gleichheit erscheinende Recht, oder der Wert; | γ) aber das individuell bezogene Objekt verliert diese Beziehung, und δ) es tritt an seine Stelle ein auf die Begierde bezogenes, reell Bestimmtes.

[α)] Das innere Wesen dieser realen Verwechslung ist, wie gezeigt, der gleichbleibende Begriff; aber derselbe reell in Intelligenzen, und zwar in bedürftigen, die sich zugleich auf einen Überfluß, und ein mangelndes Bedürfnis beziehen; jede nimmt die Verwandlung des individuellen, idealobjektiv bezogenen, in ein subjektiv, fürs Bedürfniß bezogenes vor. Solches ist der Tausch; die Realisierung des idealen Verhältnisses. Das Eigentum tritt in der Realität durch die Mehrheit der im Tausch begriffenen Personen, als sich gegenseitig anerkennend auf; der Wert in der Realität der Dinge; und an einem jeden derselben als Überfluß; der Begriff als sich bewegend, sich in seinem Gegenteil vernichtend, aufnehmend das andre Entgegengesetzte, in die Stelle des vorher Besessenen; und zwar bestimmt so, daß das vorherige Ideelles, das itzt eintretende ein Reelles sei; denn die erste Potenz ist die der Anschauung, die jetzige die des Begriffs; jene ideale, die hier der Natur nach die erste, das Ideale im Praktischen vor dem Genusse.

[β)] Die Verwechslung ist in ihrem Äußern eine zweifache, oder vielmehr eine Wiederholung ihrer selbst; denn das allgemeine Objekt, der Überfluß, und dann das besondere des Bedürfnisses ist der Materie nach ein Objekt, aber seine zwei Formen sind notwendig Wiederholungen desselben. Der Begriff, das Wesen aber ist die Verwandlung selbst, und da ihr Absolutes die Identität der Entgegengesetzten ist, so ist die Frage, wie diese reine Identität, Unendlichkeit als solche in der Realität darzustellen ist.

Der Übergang im Tausch ist eine mannigfaltige, geteilte, auseinandergezogene Reihe der einzelnen Momente des Ganzen; er kann in einem Momente, in Einer Gegenwart, durch gleichzeitige Übertragung des beiderseitigen Besitzes an den andern sein; aber wenn das Objekt ein mannigfaltiges ist, so ist es eben so der Übergang, und das verlangte Gegenteil ein mannigfaltiges, und das Gegenteil ist zugleich nicht, bis es ganz ist, nicht im Anfang, nicht im Fortgang, oder es nur als Sprung. Dadurch wird der Tausch selbst ein Ungewisses, um dieser empirischen Zustände willen, die als Allmählichkeit des Leistens, Verschiebung der ganzen | Leistung auf eine spätere Zeit u.s.w. erscheinen; es fehlt der Moment, die Gegenwart in der Erscheinung. Daß die Leistung ein Inneres sei, Wahrhaftigkeit voraussetze, ist etwas ganz Formelles; denn davon ist eben die Rede, daß der Tausch nicht geschehen, die Verwechslung, der Übergang nicht realisiert ist, und die Ungewißheit beruht auf der Mannigfaltigkeit und dem Außereinandertreten, und der Möglichkeit der Abstraktion davon, oder der Freiheit.

(Das dritte dieser zweiten Potenz b.)

γ) Diese Unvernunft, oder der Gegensatz dieser leeren Möglichkeit und Freiheit gegen die Wirklichkeit und Erscheinung ist aufzuheben; oder das Innere der Intelligenzen, welche tauschen, muß gleichfalls heraustreten; diese Freiheit muß der Notwendigkeit gleich werden, so daß der Übergang seinen empirischen Zufälligkeiten entnommen, und die Mitte desselben, die Identität als etwas Notwendiges und Festes gesetzt ist. Es bleibt die Natur und Form des Tausches, aber er wird in die Quantität und Allgemeinheit aufgenommen.

Diese Verwandlung des Tausches ist der Vertrag. In ihm bildet sich der Moment der absoluten Gegenwart, der im reinen Tausch ist, zu einer vernünftigen Mitte, welche die empirischen

Erscheinungen des Tauschens nicht nur zuläßt, sondern um eine Totalität zu sein, sie erfodert als eine notwendige Differenz, welche im Vertrag indifferentiiert ist.

Durch die Notwendigkeit, welche der Übergang im Vertrag erhält, wird das Empirische, das Auseinandertreten der beiderseitigen Leistung in der Erscheinung, die Einheit der Gegenwart gleichgültig, und ein Zufälliges, das der Sicherheit des Ganzen nichts schadet; es ist so gut, als ob die Leistung selbst schon geschehen wäre; das Recht jenes Einzelnen an seine Sache ist an den andern bereits übertragen, der Übergang selbst als geschehen anzusehen; die äußere Erscheinung, daß noch nicht geleistet worden, daß der Übergang [sich] nicht in der empirischen Realität dargestellt hat, ist ganz empirisch und zufällig, oder vielmehr vernichtet; das Eigentum also ganz der äußern Beziehung, durch die es sich als Besitz nicht nur bezeichnet, sondern für den noch Besitz ist, der schon übertragen hat, entnommen.

[δ)] Indem der Vertrag also den Übergang aus einem reellen in einen ideellen verwandelt, aber so daß dieser ideelle Übergang der wahrhafte notwendige ist, so muß er um dies zu sein, selbst absolute Realität haben; die Idealität oder Allgemein|heit, welche der Moment der Gegenwart erhält, muß also existieren; aber die Realität selbst liegt über der Sphäre dieser formellen Potenz; soviel ergibt sich formell, daß die Idealität als solche und zugleich als Realität überhaupt nichts anders sein kann, als ein Geist, welcher sich als existierend darstellend, in welchem die Vertragenden als Einzelne vernichtet sind, das allgemeine sie subsumierende, das absolut objektive Wesen, und die bindende Mitte des Vertrages ist; durch das absolute Einssein in ihm ist die Freiheit und Möglichkeit, in Beziehung auf die Glieder des Übergangs aufgehoben; das Einssein ist nicht ein Inneres, Treu und Glauben, in welchem Inneren das Individuum die Identität unter sich subsumiert, sondern das Individuum ist gegen das absolut Allgemeine das Subsumierte; also die Willkür und Eigenheit desselben ausgeschlossen, da es im Vertrag diese absolute Allgemeinheit anruft; aber wenn ihre ganze Kraft gleich in den Vertrag eintritt, so geschieht es doch nur formell; die Bestimmtheiten welche durch sie verknüpft und unter sie subsumiert werden, sind und bleiben Bestimmtheiten; sie [sind] nur empirisch unendlich gesetzt, als diese oder jene oder welche es sei, aber sie sind bestehend; sie werden betrachtet als Einzelnheit der Individuen oder der Dinge, über welche kontrahiert wird; und deswegen kann die wahre Realität nicht in diese Potenz fallen; denn die Seite [der] Realität ist hier eine für sich bestehende Endlichkeit, welche nicht in der Idealität vernichtet werden soll; wodurch es unmöglich ist, daß die Realität eine wahrhafte und absolute sei.

c)

Die dritte Potenz ist die Indifferenz der vorhergehenden; das Verhältnis des Tausches, und des Anerkennens eines Besitzes, und damit das Eigentum – welches bisher auf Einzelne sich bezog – wird hier Totalität, aber immer innerhalb der Einzelnheit selbst; oder das zweite Verhältnis wird in die Allgemeinheit, den Begriff des ersten aufgenommen.

α) Die relative Identität oder das Verhältnis. |

Der Überfluß in die Indifferenz gesetzt, als Allgemeines, und Möglichkeit aller Bedürfnisse, ist das Geld; so wie die Arbeit, die auf Überfluß geht, und mechanisch einförmig zugleich auf die Möglichkeit des allgemeinen Tausches, und des Erwerbs aller Notwendigkeiten geht. Wie das Geld das Allgemeine, die Abstraktion derselben ist, und sie alle vermittelt, so ist der Handel diese Vermittlung als Tätigkeit gesetzt, welcher Überfluß gegen Überfluß eintauscht.

β) Die Anschauung aber dieser Totalität, jedoch derselben als Einzelnheit, ist das Individuum als die Indifferenz aller Bestimmtheiten, und wie es sich als solche als Totalität darstellt.

א) Formell, in der Einfachheit oder Anschauung ist das Individuum Indifferenz aller Bestimmtheiten, und als solches ein formal lebendiges, und wird als solches anerkannt; wie vorhin nur als einzelne Dinge besitzendes, so hier als im Ganzen für sich seiendes; aber weil das Individuum als solches schlechthin eins mit dem Leben ist, nicht bloß im Verhältnis mit ihm, so kann nicht, wie von den andern Dingen, als mit denen es nur im Verhältnis ist, vom Leben gesagt werden, daß das Individuum es besitze; dies hat nur Sinn, insofern das Individuum nicht ein solches, sondern ein absolut ganzes System ist; also seine Einzelnheit und das Leben wie ein Ding, als etwas Besonderes gesetzt ist. Das Anerkennen dieses formalen Lebendigseins ist, wie das Anerkennen und die empirische Anschauung überhaupt, eine formale Ideallität; das Leben ist die höchste Indifferenz des Einzelnen, aber es ist zugleich schlechthin etwas Formelles, insofern es die leere Einheit der einzelnen Bestimmtheiten ist, und keine Totalität und aus der Differenz sich rekonstruierende Ganzheit damit gesetzt ist. Als das absolut Formelle ist es eben darum auch die absolute Subjektivität, oder der absolute Begriff; und das Individuum unter dieser absoluten Abstraktion betrachtet, die Person. Das Leben des Individuums ist die aufs höchste gesteigerte Abstraktion seiner Anschauung; die Person aber der reine Begriff desselben, und zwar ist dieser Begriff der absolute Begriff selbst. In diesem Anerkennen des Lebens, oder in dem Denken des andern als absoluten Begriffs ist er als freies Wesen, als Möglichkeit, das Gegenteil seiner selbst in Bezug auf eine Bestimmtheit zu sein; und am Einzelnen als solchem ist nichts, was nicht als | Bestimmtheit betrachtet werden könnte; es ist in dieser Freiheit also ebenso gut die Möglichkeit des Nichtanerkennens, und der Nichtfreiheit gesetzt. Alle Dinge sind ebenfalls durch ihren Begriff die Möglichkeit, das Gegenteil ihrer selbst zu sein, aber sie sind in absoluter Bestimmtheit, oder niedrigere Potenzen der Notwendigkeit; nicht die Indifferenz aller, sondern in absoluter Differenz gegen andere; die Intelligenz aber, oder das Leben des Menschen ist die Indifferenz aller Bestimmtheiten.

ב) Dieses formelle, verhältnislose Anerkennen, im Verhältnis, und in Differenz, oder nach dem Begriff. In diesem steht lebendiges Individuum gegen lebendiges Individuum, aber mit ungleicher Macht des Lebens; das eine ist also die Macht oder Potenz für das andere; es ist die Indifferenz, indem das andere in der Differenz ist; jenes verhält sich also zu diesem als Ursache; es ist als seine Indifferenz, sein Leben, seine Seele oder Geist. Die größere Stärke oder Schwäche ist nichts anders, als daß eines in einer Differenz begriffen, auf irgend eine Weise fixiert, und bestimmt ist, nach der das andere es nicht, sondern frei ist; die Indifferenz des nicht freien ist sein Inneres, Formelles, nicht Herausgehobenes und die Differenz Vernichtendes; aber sie muß schlechthin für dasselbe sein; sie ist sein verborgenes Inneres, und deswegen schaut es sie als das Gegenteil, nervlich als ein Äußeres an, und die Identität ist eine relative, nicht eine absolute, noch Mitte. Dieses Verhältnis, das das indifferente und freie, das mächtige ist, gegen das Differente, ist das Verhältnis der Herrschaft und Knechtschaft. Dies Verhältnis ist mit der Ungleichheit der Macht des Lebens unmittelbar und absolut gesetzt; es ist hiebei an kein Recht und keine notwendige Gleichheit zu denken. Die Gleichheit ist nichts anders als die Abstraktion, und der formelle Gedanken des Lebens, der ersten Potenz; der bloß ideell und ohne Realität ist; in der Realität hingegen ist die Ungleichheit des Lebens gesetzt, und damit das Verhältnis [von Herrschaft] und Knechtschaft; denn in der Realität ist die Gestalt und Individualität und Erscheinung, also Verschiedenheit der Potenzen oder der Macht; oder die relative Identität, nach welcher das eine Individuum indifferent, das andre aber different gesetzt ist.

Die Mehrheit ist hier die Mehrheit von Individuen, denn in der ersten Potenz ist in der Formalität des Lebens, die absolute Einzelnheit gesetzt worden, als die Form des Inneren, da das Leben die Form der äußern Indifferenz ist. Und wo Mehrheit der Individuen ist, ist ein Verhältnis derselben; und dies Verhältnis ist Herr|schaft und Knechtschaft, die unmittelbar der Begriff selbst dieses Verhältnisses ist, ohne Übergang und Schluß, als ob noch sonst irgend ein Grund aufzuzeigen wäre. Der Natur gehört die Herrschaft und Knechtschaft darum an, weil Individuen in diesem Verhältnisse gegeneinander stehen; und sofern in Beziehung auf das Sittlichste Individuen als solche ins Verhältnis kommen, und es auf Gestaltung des Sittlichen, als welches durch die höchste Individualität des Genies und des Talents geschieht, ankommt, so ist das Verhältnis der Herrschaft und des Gehorchens gesetzt. Formal ist es dasselbe; der Unterschied ist darin, daß in der sittlichen Herrschaft und Gehorsam die Potenz oder Macht zugleich ein absolut Allgemeines, hingegen hier nur ein Besonderes, dort die Individualität nur das Äußere und die Form, hier das Wesen des Verhältnisses ist; und deswegen ist es hier ein Verhältnis der Knechtschaft; denn die Knechtschaft ist der Gehorsam gegen Einzelnes und Besonderes; der Herr ist die Indifferenz der Bestimmtheiten, aber bloß als Person, oder als ein formal Lebendiges; er ist zugleich Subjekt, oder Ursache; die Indifferenz ist subsumiert unter das Subjektsein, oder den Begriff; und der Knecht verhält sich zu ihm als zu der formalen Indifferenz, oder zu der Person. Weil das Gebietende hier als Person ist, so ist nicht das Absolute, die Idee das Identische beider, dasjenige was im Herrn in der Form der Indifferenz, im Knecht aber in der Form der Differenz gesetzt ist; sondern es ist die Besonderheit überhaupt, im Praktischen die Not, was das Band beider ausmacht; der Herr ist im Besitz eines Überflusses des physischen Notwendigen überhaupt, und der andere im Mangel desselben; und zwar so, daß jener Überfluß wie dieser Mangel nicht einzelne Seiten, sondern die Indifferenz der notwendigen Bedürfnisse ist.

ג) Dies Verhältnis der Knechtschaft, oder der Person zu Person, des formellen Lebens zum formellen Leben, wovon das eine unter der Form der Indifferenz, das andere unter der Form der Differenz ist, muß indifferentiiert sein, oder unter die erste Potenz subsumiert werden, so daß dasselbe Verhältnis der Persönlichkeit, der Abhängigkeit des andern von dem andern bleibt; aber daß die Identität eine absolute, jedoch innere, nicht herausgeborne ist und das Verhältnis der Differenz nur die äußere Form. Daß aber die Identität eine innere bleibt, ist notwendig, weil sie in dieser ganzen Potenz nur entweder eine formelle (Recht) über dem Be|sondern schwebende, entgegengesetzte ist, oder eine innere; nämlich, welche unter die Anschauung der Besonderheit, die Individualität als solche subsumiert ist, also als Natur erscheint; nicht als eine einen Gegensatz unterjochende Identität, oder als sittliche Natur, in welcher jener Gegensatz gleichfalls aufgehoben sein wird, aber so, daß die Besonderheit und Individualität das Subsumierte wird.

Diese Indifferenz des Herrschafts- und Knechtschaftsverhältnisses, in welcher also die Persönlichkeit und die Abstraktion des Lebens absolut eins und dieselbe ist, und dies Verhältnis nur das Äußere, Erscheinende, ist die F a m i l i e: In ihr ist die Totalität der Natur, und alles bisherige vereinigt, die ganze bisherige Besonderheit ist in ihr ins Allgemeine versetzt; sie ist die Identität α) der äußern Bedürfnisse, β) des Geschlechtsverhältnisses, der natürlichen an den Individuen selbst gesetzten Differenz, und γ) des Verhältnisses von Eltern zu Kindern, oder der natürlichen herausgetretenen, aber als Natur seienden Vernunft.

α) Um des absoluten natürlichen Einsseins des Mannes, des Weibs und des Kinds willen, worin der Gegensatz der Persönlichkeit und des Subjekts aufhört, ist der Überfluß nicht ein Eigentum des einen; denn die Indifferenz ist nicht formal nach dem Rechte; es fällt also auch aller Vertrag, über Eigentum, Dienstleistung und dergleichen hinweg; denn alles dies gründet sich auf die Voraussetzung eigener Persönlichkeit; sondern der Überfluß, Arbeit, Eigentum ist absolut gemeinschaftlich, an und für sich, und beim Tode des einen, ist nicht ein Übergang von einem an einen Fremden, sondern nur die Teilnahme des Verstorbenen am gemeinschaftlichen Eigentum hört auf.

Die Differenz ist die oberflächliche der Herrschaft; der Mann ist der Herr, und Verwalter; nicht Eigentümer im Gegensatz gegen die andern Mitglieder der Familie; als Verwalter hat er nur den Schein der freien Disposition. Die Arbeit ist ebenso nach der Natur eines jeden Gliedes verteilt; aber ihr Produkt gemeinschaftlich; jedes arbeitet eben durch diese Verteilung, einen Überfluß aus, aber nicht als sein Eigentum; der Übergang ist kein Tausch, sondern [er][1] ist unmittelbar an und für sich selbst gemeinschaftlich.

β) Das Verhältnis des Geschlechts, des Weibs zum Mann, wird ebenso nach seiner Weise indifferentiiert; daß sie nach der Bestimmtheit der Persönlichkeit, d. h. nach | dem Besitz eins sind, ist in α) gesagt. Aber das Geschlechtsverhältnis gibt der Indifferenz eine eigene Form; es ist nämlich an sich ein besonderes. Das Besondere als solches zu einem Allgemeinen, zum Begriff gemacht, kann nur ein empirisch Allgemeines werden, (in der Religion wird es ein anderes); die Besonderheit wird eine beständige, dauernde, fixierte; das Geschlechtsverhältnis schränkt sich nur auf diese zwei Individuen gegeneinander ein, und es beharrt für immer; so ist es E h e. Da dies Verhältnis sich auf ein Besondersein von Individuen gründet, deren Eigentümlichkeit sogar durch die Natur, nicht durch die Willkür einer Abstraktion festgesetzt ist, so scheint dies Verhältnis ein Kontrakt zu sein; allein es würde ein negativer Kontrakt sein, der gerade diejenige Voraussetzung aufhebt, auf welcher die Möglichkeit des Kontrakts überhaupt beruht; nämlich die Persönlichkeit, oder das Subjektsein, welche in der Ehe sich vernichtet; indem die ganze Person als Ganzes sich gibt. Was aber nach dem Verhältnisse des

[1] *Original:* es

Kontrakts zum Eigentum des andern werden sollte, könnte schlechthin nicht in seinen Besitz kommen; es bleibt, da das Verhältnis persönlich ist, Eigentum der Person; wie überhaupt an sich kein Kontrakt über persönliche Dienste möglich ist, da das Produkt allein, nicht das Persönliche in den Besitz des andern übergehen kann. Der Knecht kann, als Ganzes der Persönlichkeit, Eigentum werden, und so auch die Frau; aber dies Verhältnis ist nicht die Ehe, auch kein Kontrakt mit dem Knecht, sondern über den Knecht oder die Frau, mit einem andern; wie unter vielen Völkern die Frau den Eltern abgekauft wird. Mit ihr selbst aber ist kein Kontrakt möglich; denn eben insofern sie in der Ehe sich frei geben soll, gibt sie mit sich selbst, und ebenso der Mann, die Möglichkeit des Kontraktes auf; ihr Kontrakt würde den Inhalt haben, keinen Kontrakt zu machen, also sich unmittelbar aufheben. Durch einen positiven Kontrakt aber würde jedes sich zu einer Sache machen, die im Besitz ist, seine ganze Persönlichkeit als eine Bestimmtheit seiner selbst setzen, an welche es zugleich absolut gebunden ist; aber als freies Wesen muß es keiner Bestimmtheit sich absolut verbunden betrachten, sondern als Indifferenz derselben; diese Bestimmtheit müßte, wie Kant tut, als die Geschlechtsteile betrachtet werden; aber sich als | absolute Sache, als absolute Verbindung mit einer Bestimmtheit setzen, ist die höchste Vernunftwidrigkeit und Infamie.

γ) In dem Kinde ist die Familie selbst ihrem zufälligen, empirischen Dasein, oder der Einzelnheit ihrer Glieder entrissen; und sie ist gegen den Begriff, durch welchen die Einzelnheiten, oder Subjekte sich vernichten, gesichert; das Kind ist gegen die Erscheinung das Absolute, das Vernünftige des Verhältnisses; und das Ewige und Bleibende; die Totalität welche sich als solche wieder produziert. Weil aber in der Familie, als der höchsten Totalität, deren die Natur fähig ist, eben die absolute Identität ein Inneres bleibt, nicht in der absoluten Form selbst gesetzt ist, so ist auch die Reproduktion der Totalität eine Erscheinung, die der Kinder; in der wahrhaften Totalität ist die Form schlechthin eins mit dem Wesen, also ihr Sein nicht die auseinander in die Vereinzelung der Momente gezogene Form; hier aber ist das Beharrliche ein anderes als das Seiende; oder die Realität übergibt ihre Beharrlichkeit an ein anderes, welches ebenso selbst wieder nur dadurch dauert, daß es wird, und sein Sein, welches nicht in ihm bleiben kann, an ein anderes überträgt; die Form oder die Unendlichkeit ist also die empirische, negative des Andersseins, welche eine Bestimmtheit nur dadurch aufhebt, daß es eine andere setzt, und eben nur positiv immer in einem andern ist; die Macht und der Verstand, die Differenz der Eltern, steht im umgekehrten Verhältnis mit der Jugendlichkeit und Kraft des Kindes, und diese beiden Seiten des Lebens fliehen sich, und folgen aufeinander und sind außereinander.

II.
DAS NEGATIVE, ODER DIE FREIHEIT, ODER DAS VERBRECHEN

Das Bisherige hat die Einzelnheit zum Prinzip; es ist das Absolute unter den Begriff subsumiert, und alle Potenzen drücken Bestimmtheiten aus, und die Indifferenzen sind formell, Allgemeinheit, der Besonderheit entgegengesetzt; oder die | Besonderheit nur in Beziehung auf niedrigere Besonderheiten indifferentiiert, und diese Indifferenzen selbst wieder Besonderheiten. Es ist also schlechthin keine absolut, jede kann aufgehoben werden; die Indifferenz, die absolute Totalität jeder Potenz ist nicht an sich, sie liegt unter der Form, welche das Subsumierende ist. Die Aufhebung der Bestimmtheiten muß die absolute sein, die Aufnahme aller Bestimmtheiten in die absolute Allgemeinheit. Dieses Aufnehmen ist das absolute und positive, aber es ist auch bloß negativ; wie die absolute Form sich als Bestehen des Gegensatzes im vorigen ausgedrückt hat, so drückt sie sich in ihrem Gegenteil, oder im Vernichtetsein des Gegensatzes aus. Aber dies Vernichtetsein ist entweder rein negativ, so ist es dialektisch, die Erkenntnis der Idealität, und das reale Aufheben der Bestimmtheit; das Negative wird nicht fixiert, ist nicht im Gegensatze, und so ist es im Absoluten; die absolute Sittlichkeit erhebt sich über die Bestimmtheit dadurch, daß es sie aufhebt, aber so daß es sie in einem Höhern mit ihrem Entgegengesetzten vereinigt, also nicht in Wahrheit es bestehen läßt und nur mit negativer Bedeutung setzt; sondern durch die vollkommne Identität mit seinem Gegenteil seine Form oder Idealität aufhebt, gerade ihm das Negative nimmt und es absolut positiv oder reell macht. Ganz anders ist die negative Aufhebung; sie ist selbst Aufhebung gegen die Aufhebung, Entgegensetzung gegen die Entgegensetzung, aber so, daß die Idealität, die Form gleichfalls in ihr besteht, aber in umgekehrtem Sinne, nämlich daß sie das ideelle Bestimmtsein der Einzelnheit festhält und es so als ein Negatives bestimmt; also seine Einzelnheit und sein Entgegengesetztsein bestehen läßt, den Gegensatz nicht aufhebt, sondern die reale Form in die ideelle umwandelt. Im bisherigen ist jede Potenz und jede Realität einer Potenz eine Identität Entgegengesetzter, absolut in sich. Sie ist unter die Form subsumiert, aber diese ist ein Äußeres. Das Reelle besteht; sie ist das Oberflächliche; ihre Bestimmtheit ist belebt, indifferentiiert, es ist wohl ein Bestimmtes, aber nicht für es selbst; es ist nicht bestimmt, sein Wesen ist nicht gesetzt als bestimmtes. Itzt ist die Form als Negatives das Wesen; das Reelle wird gesetzt als ein Ideelles; es ist durch die reine Freiheit bestimmt. Es ist dieselbe Umwandlung, wie wenn die Emp|findung als Gedanke gesetzt wird; es bleibt dieselbe Bestimmtheit; das empfundene Rot bleibt gedachtes Rot; aber das Gedachte ist bestimmt zugleich als ein Vernichtetes, Aufgehobenes, Negatives; die Freiheit der Intelligenz hat die Bestimmtheit der roten Empfindung ins Allgemeine erhoben, sie ihrer Entgegensetzung gegen andere Bestimmtheiten nicht entnommen, sondern nur den falschen Versuch gemacht, es zu tun; sie hat reflektiert auf die Empfindung, sie ins Unendliche aufgenommen, aber so, daß die Endlichkeit schlechthin bestehen bleibt; sie hat die objektive Idealität der Zeit und des Raums in die subjektive umgewandelt; die objektive Idealität ist das Anderssein, daß andere neben ihm sind, schlechthin nach allen Beziehungen die Idealität, Unendlichkeit, empirisch gesetzt ist als ein allenthalben Anderes; die subjektive reinigt die Unendlichkeit von dieser Mannigfaltigkeit, gibt ihr die Form der Einheit, verbindet mit der Bestimmtheit selbst die im Objektiven außer ihr liegende, als das Anderssein dargestellte Unendlichkeit, macht sie auf diese Weise zur Einheit als der absoluten Bestimmtheit des Subjektiven oder Ideellen, im Gegensatz gegen das Reelle; und wenn die Bestimmtheit als Reelles, als Empfindung die Form, die Unendlichkeit, gleichsam oberflächlich außer sich hatte, so ist sie itzt mit ihr verbunden. So im Praktischen, das an und für sich negativ ist, ist eine durch dasselbe gesetzte Bestimmtheit, nach der bisherigen Potenz der Notwendigkeit, selbst ein Objektives, Ideelles, Allgemeines; die Negation dieses praktischen Setzens, ist die Wiederherstellung der ersten ursprünglichen Besonderheit des Gegensatzes; indem jene Objektivität aufgehoben wird, tritt es in die Gewalt der unorganischen, objektiven Potenzen; ein Mord hebt das Lebendige als Einzelnheit, als Subjekt auf, aber die Sittlichkeit tut dies ebenso; aber die Sittlichkeit hebt die Subjektivität, die ideelle Bestimmtheit desselben auf, der Mord aber seine Objektivität, setzt es als ein Negatives, Besonderes, das unter die Gewalt des Objektiven zurückkehrt, dem es sich entriß, dadurch, daß es selbst ein Objektives war. Die absolute Sittlichkeit hebt unmittelbar die Subjektivität dadurch auf, daß sie dieselbe nur als ideelle Bestimmtheit, als Gegensatz vernichtet, aber ihr Wesen schlechthin bestehen läßt, und gerade darin bestehen und reell macht, daß es sein Wesen sein läßt, was es ist; die Intelligenz bleibt in der Sittlichkeit eine solche.

Dieses Negative, oder die reine Freiheit geht also auf die Aufhebung des Ob|jektiven so, daß es die ideelle, in der Notwendigkeit nur äußserliche oberflächliche Bestimmtheit, das Negative zum Wesen macht; also die Realität in ihrer Bestimmtheit negiert, aber diese Negation fixiert.

Dieser Negation aber muß entgegengewirkt werden; da die Aufhebung der Bestimmtheit nur formell ist, so bleibt sie bestehen, sie ist ideell gesetzt, aber sie bleibt in ihrer realen Bestimmtheit; und das Leben ist in ihr nur verletzt, nicht höher gehoben worden; und deswegen muß dies Leben wieder hergestellt werden. Aber die Verletzung des Lebens ist in ihrer Wirklichkeit nicht wiederherzustellen (die Wiederherstellung durch Religion geht nicht auf die Wirklichkeit), diese aber geht auf die Wirklichkeit, und diese Rekonstruktion kann nur eine formale sein, weil sie auf eine Wirklichkeit als solche, auf ein Fixiertsein der Negation geht. Sie ist daher die äußere Gleichheit; das Negierende macht sich zur Ursache und setzt sich als negative Indifferenz, aber darum muß der Satz an ihm umgekehrt werden und dasselbe ebenso unter dieselbe Bestimmtheit der Indifferenz gesetzt werden, als es setzte; was es negierte, ist reell an ihm ebenso zu negieren, und es ebenso zu subsumieren, als es subsumierte; und diese Umkehrung des Verhältnisses ist absolut, denn im Bestimmten ist es der Vernunft nur möglich, durch gleichmäßiges Setzen der beiden Entgegengesetzten sich als Indifferenz, also sich auf eine formale Weise zu behaupten. Mit dem Verbrechen steht die rächende Gerechtigkeit absolut in Verknüpfung; es ist die Absolute Notwendigkeit, welche sie verbindet, denn eins ist das Entgegengesetzte des andern, das eine die entgegengesetzte Subsumtion des andern. Das Verbrechen subsumiert als negative Lebendigkeit, als der sich zur Anschauung konstituierende Begriff das Allgemeine, Objektive, Ideelle; umgekehrt subsumiert die rächende Gerechtigkeit als Allgemeines, Objektives wieder jene sich zur Anschauung konstituierende Negation.

Es ist hier zu bemerken, daß von der realen Gegenwirkung oder Umkehrung hier die Rede ist, und die ideelle, unmittelbare nach der abstrakten Notwendigkeit des Begriffs überhaupt enthalten, aber in dieser Form der Idealität nur eine Abstraktion und etwas Unvollständiges ist. Diese ideale Umkehrung, ist das Gewis|sen, und nur etwas Inneres, nicht Inneres und Äußeres zugleich, etwas Subjektives, nicht Objektives zugleich. Unmittelbar hat der Verbrecher, was er scheinbar äußerlich und als ein ihm Fremdes verletzt, darin ebenso sich selbst ideell verletzt und aufgehoben; insofern ist die äußere Tat zugleich eine innere, das Verbrechen, an dem Fremden begangen, eben so an ihm selbst begangen. Aber das Bewußtsein dieser seiner eigenen Vernichtung, ist ein subjektives, inneres; oder das böse Gewissen; es ist insofern unvollständig und muß sich auch äußerlich als rächende Gerechtigkeit darstellen; weil es ein Inneres, Unvollständiges ist, so treibt es zu seiner Totalität; es verrät, offenbart und arbeitet solang durch sich selbst, bis es die ideelle Gegenwirkung oder Umkehrung äußerlich seiner Realität drohend und als seinen Feind sich gegenüber sieht. Dann fängt es [an] sich zu befriedigen, weil es den Anfang seiner Realität in ihm erblickt; es produziert einen Angriff auf sich, daß es sich wehren könne und durch die Gegenwehr gegen den Angriff sich darin beruhigt, daß es die allgemeinste Foderung, die Indifferenz und Totalität, nämlich das Leben, von welchem selbst das Gewissen eine Bestimmtheit ist, gegen die gedrohte Negation verteidigt. Durch den Sieg in diesem gesetzten Kampfe wiederholt sich jener Trieb des Gewissens, und seine Versöhnung ist allein in der Todesgefahr und hört mit dieser auf. Durch jeden Sieg, wenn er eintritt, wird aber die Furcht größer, das ideelle Vernichtetsein; es drängt sich in die lebendige Kraft, und führt so die Schwäche und also die Realität der rächenden Gerechtigkeit herbei und erzeugt, wenn der Feind nicht sogleich äußerlich erscheint und die Umkehrung der Subsumtion nicht als Realität vorhanden ist, diese selbst.

a)

Die erste Potenz dieser so bestimmten Negation ist die formale, nach der Subsumtion des Begriffs unter die Anschauung; Vernichtung für sich, ohne daß sie auf etwas anderes bezogen ist, einen bestimmten Mangel voraussetzt; sondern einen völlig unbestimmten, allgemeinen, auf nichts einzelnes gehenden; sondern gegen die Abstraktion des Gebildeten sich richtenden. Dies ist die natürliche Vernich|tung, oder die zwecklose Zerstörung, die Verwüstung. So ist die Natur gegen die Bildung, welche ihr die Intelligenz erteilt, gekehrt, so wie gegen ihr eigenes Produzieren von Organisierten, und wie das Element, das Objektive, unter die Anschauung und das Leben subsumiert wird, so subsumiert das Element hinwiederum das Organisierte und Individualisierte unter sich und vernichtet es; und diese Vernichtung ist Verwüstung. So wechselt in dem Menschengeschlecht das Bilden mit dem Zerstören; wenn das Bilden der unorganischen Natur lange genug Abbruch getan und ihre Formlosigkeit nach allen Seiten bestimmt hat, so springt die gedrückte Unbestimmtheit los, und die Barbarei der Zerstörung fällt auf das Gebildete, räumt auf, und macht alles frei und eben und gleich. In ihrer größten Pracht tritt die Verwüstung im Morgenlande auf, und ein Tschingis Chan, Tamerlan, kehren als die Besen Gottes ganze Weltteile völlig rein. Die nordischen Barbaren, welche den Süden beständig anfallen, sind in der Bestimmtheit des Verstandes; ihr schlechter Genuß, den sie sich in eine geringe Mannigfaltigkeit gebildet haben, hat dadurch eine Bestimmtheit, und ihr Verwüsten ist nicht indifferent rein um des Verwüstens willen. Der Fanatismus des Verwüstens ist, weil er absolutes Element ist, und die Form der Natur annimmt, nach außen unüberwindlich; denn die Differenz und das Bestimmte unterliegt der Indifferenz und Unbestimmtheit; aber er hat, wie die Negation überhaupt, seine Negation in sich; das Formlose treibt sich in die Unbestimmtheit, bis es, weil es doch nicht absolut formlos ist, wie eine Wasserblase so weit in die Expansion, bis [es][1] in unendliche kleine Tropfen zerplatzt; sie geht aus ihrer reinen Einheit in ihr Entgegengesetztes, die absolute Formlosigkeit der absoluten Vielheit über und wird dadurch völlig formale Form, oder absolute Besonderheit, und damit es das Schwächste. Dieser Fortgang der Verwüstung zur absoluten Verwüstung und dem absoluten Übergang in sein Entgegengesetztes ist die Wut, die – weil die Verwüstung ganz im Begriff ist – das Reine, das Entgegengesetzte unendlich steigern muß, bis es sein Entgegengesetztes ist, und also sich selbst vernichtet hat; auf dem Extrem, der absoluten Abstraktion stehend, ist sie der absolute mittelose Trieb; der absolute Begriff in seiner völligen Unbestimmtheit, die Unruhe der Unendlichkeit des absoluten Begriffs, die nichts als dieses ist, und in ihrem Vernichten der Entgegengesetzten durch einander sich selbst vernichtet, das Realsein der absoluten Subjektivität. Der absolute Begriff, das unmittel | bare Gegenteil seiner selbst ist reell, weil das Produkt schlechthin keine Identität des Subjektiven und Objektiven ist, sondern reine Objektivität, Formlosigkeit.

b)

Diese Verwüstung unter den Begriff subsumiert, als Verhältnis mit Differenz und Bestimmtheit, ist unmittelbar gegen das positive Verhältnis der Differenz gekehrt. Die Verwüstung der Natur, insofern sie in der Bestimmtheit ist, kann nur den Besitz entreißen; es ist vorausgesetzt, daß sie in eben derselben ist, als vorliegt, und also dieselbe bestehen läßt; die Indifferenz des Besitzes oder das Recht geht sie nichts an; sie ist nur in der Besonderheit. Aber das Sittliche ist durch seine Natur, Intelligenz zu sein, zugleich objektiv allgemein, und also im indifferenten Verhältnis mit einem andern; die Vernichtung einer Besonder-

[1] *Original:* sie

heit desselben, – und keine andere Vernichtung, als die an einem sittlichen Wesen, kommt hier nicht vor, – ist zugleich Vernichtung der Indifferenz, und Setzen derselben als eines Negativen; das Positive dieses Setzens ist darin, daß die Bestimmtheit als solche bleibt, nur mit negativer Bestimmtheit gesetzt wird. Ein solches Bestehenlassen der Bestimmtheit, aber Vernichtung der Indifferenz des Anerkennens; es ist eine Verletzung des Rechts, deren Erscheinung als eine reale Vernichtung des Anerkennens auch eine Trennung der Beziehung der Bestimmtheit auf das Subjekt ist; denn das Anerkennen anerkennt gerade diese Beziehung, die an sich bloß ideell ist, als eine reale, es ist durch dasselbe gleichgültig, ob das Subjekt die Bestimmtheit wirklich mit sich untrennbar, absolut vereinigt hat, oder nur in relativer Beziehung mit ihm diese Vereinigung nur in der Form der Möglichkeit gesetzt ist; durch das Anerkennen wird die relative Beziehung selbst indifferent, ihre Subjektivität zugleich objektiv. Die reale Aufhebung des Anerkennens hebt auch jene Beziehung auf, und ist *Beraubung*, oder insofern sie rein auf das bezogene Objekt geht, *Diebstahl*. In dieser Beziehung des Objekts aufs Subjekt, welche in dem Eigentume ist, wird durch die Vernichtung der Indifferenz oder des Rechts zwar die Bestimmtheit gelassen, diese bleibt indifferent dabei, das geraubte Objekt bleibt, was es ist; aber nicht das Subjekt, welches hier im besondern selbst die Indifferenz | der Beziehung ist. Insofern nun nicht die Abstraktion seiner Beziehung auf das Objekt aufgehoben, sondern in derselben es selbst verletzt, an ihm etwas aufgehoben wird – und was an ihm aufgehoben wird, ist nicht die Minderung seines Besitzes, denn diese geht dasselbe nicht als Subjekt an, sondern die Vernichtung seiner als Indifferenz durch und in diesem einzelnen Akt – [und] da nun die Indifferenz der Bestimmtheiten die *Person* ist, und diese hier verletzt wird, so ist Minderung des Eigentums eine persönliche Verletzung; und hier in dieser ganzen Potenz der Besonderheit ist sie notwendig eine solche. Denn unmittelbar ist sie nicht persönlich, wenn nur die Abstraktion der Beziehung des Subjekts aufs Objekt verletzt wird; aber diese Abstraktion als solche ist in dieser Potenz nicht gemacht, sie hat noch nicht in einem selbst Allgemeinen ihre Realität und Halt, sondern ihn allein in der Besonderheit der Person; und darum ist jede Beraubung persönlich; die Beziehung ist persönlich, die es sonst nur ist, wenn sie reell oder empirisch ist, der Besitzende das Objekt seines Besitzes gerade sieht, oder hält, oder es sonst verschlossen hat, in seinem Gebiete, das er zu dem Raume rechnet, welchen er mit seinem Besitze einnimmt; diese empirische Beziehung als eine besondere ist hier die Beziehung dieser Potenz überhaupt, denn es ist in ihr noch keine Weise angegeben, durch welche die empirische Beziehung selbst indifferentiiert, und ohne dieselbe das Eigentum geschützt wäre, d. h. die ideelle Beziehung, ohne empirisch zu sein, reell wäre, also durch Verletzung der ideellen Beziehung, des Besitzes als Eigentumes, die persönliche nicht verletzt würde.

Der Diebstahl ist also hier ebensowohl persönlich und Beraubung; und die Subsumtion eines Besitzes, der Eigentum ist, unter die Begierde eines andern, oder die Negation der Indifferenz, und die Behauptung der quantitativ größern Besonderheit gegen die quantitativ geringere, der Subsumtion der differenteren unter die geringere, das ist die Gewalt, nicht überhaupt, sondern gegen Eigentum, oder der Raub muß auch seine Gegenwirkung, oder die umgekehrte Subsumtion haben. Wie hier bezwungen worden ist, d. h. die geringere Gewalt unter die größere Gewalt subsumiert worden ist, so muß umgekehrt die itzt größere als die kleinere gesetzt werden; und nach der absoluten Vernunft ist diese Umkehrung an und für sich so notwendig, als jene Subsumtion wirklich Raub ist. Aber Raub ist nur da, | wo nicht das Verhältnis der Herrschaft und Knechtschaft ist. Wo aber dieses ist, wo ein Individuum indifferenter, also die höhere Potenz ist als die andere, da ist der Natur nach kein Raub, als insofern er schlechthin verwüstend und zerstörend ist; nicht insofern er eigentlicher Raub wäre; und dadurch, daß er in das persönliche übergeht, mißt sich Person mit Person, und der Bezwungene wird der Knecht des andern; und dies Knechtwerden ist eigentlich die Erscheinung dessen, welches Verhältnis in diesem Verhältnis der Subsumtion jedem der Individuen zukommt; ohne Beziehung können sie nicht nebeneinander sein. Raub ist die einzelne, nicht auf die Totalität der Persönlichkeit gehende Subsumtion, und insofern muß dasjenige, was diese persönliche Verletzung zur Sache seiner ganzen Persönlichkeit macht, die Oberhand behalten, die Umkehrung reell machen, weil es sich als Totalität, jenes aber nur sich als Besonderheit setzt, und die Realität dieses Verhältnisses ist die Unterjochung, die Erscheinung des Werdens aber desselben die Bezwingung.

Im vorhergehenden Verhältnis ist die Umkehrung absolut vernichtend, weil die Vernichtung selbst absolut ist, also die Rückwirkung wie gegen ein reißendes Tier, absolute Bezwingung oder der Tod. In diesem aber kann die Rückwirkung nicht die Wiedernahme des Geraubten bloß sein, um der Persönlichkeit der Verletzung willen, sondern entweder nur momentanes Setzen der Herrschaft und Knechtschaft, daß an dem Beraubenden das Subsumiertwerden reell wird nur für einen Moment, und nur für diese Bestimmtheit nach der Bestimmtheit der dabei vorkommenden persönlichen Beleidigung; aber eben weil der Angreifende nicht seine ganze Persönlichkeit daran gesetzt hat, so kann auch das Verhältnis nicht mit der Totalität der Persönlichkeit im unterjochenden Verhältnisse endigen, sondern nur für einen Moment sein; im Fall des Kriegs allein, der sich gegenseitig erkennenden Persönlichkeit, oder der Not in Ansehung des ganzen Lebens, wie auch im Krieg von Menschen – sonst aber von der Natur ist, findet Knechtschaft statt; sonst ist die Rückwirkung formell die Ganzheit dieses Verhältnisses, und Aufnahme in die Familie, der Materie nach aber ebenso einzeln und besonders; denn der ist auch zum Knecht zu schlecht, der geraubt hat, denn er hat nicht Vertrauen auf [die] ganze Persönlichkeit seiner selbst, indem er im Besondern blieb, bewiesen. |

c)

Die Indifferenz oder Totalität dieser beiden Negationen geht auf die Indifferenz der Bestimmtheiten, oder das Leben, und [die] ganze Persönlichkeit; und die Umkehrung, welche zweifelhaft gesetzt und nicht einseitig ist, so daß das Verhältnis ganz bestimmt und gewiß auf einer Seite wäre, ist ebenso der Verlust der Persönlichkeit, durch Knechtschaft oder Tod. Weil die Negation nur eine Bestimmtheit sein kann, so muß diese, daß das Ganze auf dem Spiel sei, zu einem Ganzen gesteigert werden. Aber dadurch, daß sie persönlich ist, ist sie unmittelbar das Ganze; denn die Bestimmtheit gehört der Person an, welche die Indifferenz des Ganzen ist; und eine Besonderheit der Person negiert, ist nur eine Abstraktion, denn in der Person ist sie absolut in die Indifferenz aufgenommen; es wird das Lebendige verletzt. Weil aber dieser Indifferenz die Abstraktion der verletzten Besonderheit gegenüber steht, so ist durch das letztere auch jenes ideell gesetzt, und das Verletzte ist die E h r e. Durch die Ehre wird das Einzelne zu einem Ganzen und Persönlichen, und die scheinbare Negation von Einzelnen allein ist die Verletzung des Ganzen, und so tritt der Kampf der ganzen Person gegen die ganze Person ein. Von der Gerechtigkeit der Veranlassung eines solchen Kampfs kann nicht die Rede sein; so wie der Kampf als solcher eintritt, ist die Gerechtigkeit auf beiden [Seiten], denn es ist die Gleichheit der Gefahr gesetzt, und zwar der freiesten, weil das Ganze auf dem Spiele steht. Die Veranlassung, d. h. die Bestimmtheit, welche als in die Indifferenz aufgenommen und als persönlich gesetzt ist, ist schlechthin nichts an sich, und für sich, eben weil sie nur etwas ist als persönlich; und als solches kann jedes auf absolut viele Weise gesetztes genommen werden; es ist darüber keine Ausschließung und Grenze zu setzen. Die Gewalt, oder vielmehr die Gewalt individualisiert gesetzt, die Stärke entscheidet die Subsumtion, und hier, wo die ganze reale Persönlichkeit das Subjekt ist, muß unmittelbar das Verhältnis von Herrschaft und Knechtschaft eintreten, oder wenn die absolute Gleichheit, die Unmöglichkeit eines solchen differenten Verhältnisses vorausgesetzt ist, also die Unmöglichkeit, daß eines das Indifferente, das andere das Differente sei, so ist im Kampfe als der absoluten Differenz und gegenseitigen Negation die Indifferenz zu erhalten, und der | Streit zu schlichten allein durch den Tod, in welchem das Bezwingen absolut ist, und eben durch das Absolutsein der Negation schlechthin sein Gegenteil, die Freiheit behauptet ist.

Ein anderes aber ist die Ungleichheit in der Negation und die Einseitigkeit des Kampfs, welcher alsdenn gar kein Kampf ist; diese Ungleichheit, wo die Subsumtion nur auf eine Seite schlechthin, nicht schwankend, und die Mitte als Möglichkeit und eben darum als Indifferenz beider gesetzt ist, ist Unterdrükkung, und wenn sie zur absoluten Negation fortgeht, Mord. Die Unterdrückung und der Mord ist nicht mit dem Verhältnis der Herrschaft und dem Kampfe zu verwechseln; die wahrhafte ungerechte Unterdrückung ist persönlicher Angriff und Verletzung, auf eine Weise, durch welche schlechthin aller Kampf aufgehoben wird, dem andern es unmöglich ist, sich vorzusehen, und hiedurch den Kampf zu setzen. An sich aber kann diese Unmöglichkeit nicht erwiesen und aufgezeigt werden; (die Italiener geben als Grund der Rechtmäßigkeit des Meuchelmords die Unmittelbarkeit der Kriegserklärung durch die Beleidigung) nur dann ist die Unmöglichkeit als wirklich vorhanden anzusehen, wenn keine Beleidigung vorhanden, und der Mord schlechthin um nichts Persönliches geschieht; also um Raubes willen. Aber wenn auch eine Beleidigung vorhergegangen, also Persönlichkeit und Ganzheit im Spiele ist, so ist die Beleidigung ganz ungleich der totalen Negation in Beziehung auf die Realität; die Ehre ist wohl verletzt, aber die Ehre ist vom Leben unterscheidbar, und indem das letztere auf das Spiel gesetzt wird, um der erstern ihre Realität, die als verletzte Ehre nur ideell ist, [wiederzugeben,] so geschieht die Verknüpfung der Idealität der Ehre mit ihrer Realität allein dadurch, daß die verletzte Bestimmtheit zur ganzen Realität erhoben [wird], und die Ehre besteht darin, daß wenn einmal eine Bestimmtheit negiert ist, auch die Totalität der Bestimmtheiten, oder das Leben[1] darauf gehen soll; also muß das eigene Leben auf das Spiel gesetzt werden; als wodurch allein jene Negation der Einzelnheit zu einem Ganzen gemacht wird, was sie soll.

Diese Totalität der Negation muß unter ihren drei Formen vorgestellt werden: |

αα) Die rohe Totalität, die absolute Indifferenz der Negation ohne Verhältnis und Idealität ist die Verwandlung der Bestimmtheit in Persönlichkeit, und das unmittelbare Setzen der Realität der Negation, oder der einfache M o r d; er schließt das Anerkennen dieses Verhältnisses, das Wissen des andern um dasselbe aus, läßt die Gleichheit der Gefahr nicht vorangehen, so wie die Beleidigung der Materie nach völlig ungleich ist.

ββ) Die zweite Potenz muß die formale Indifferenz sein, nach welcher das Subsumieren und die Umkehrung nach dem Gesetz der Gleichheit ist, aber so, daß diese Gleichheit, als Form, als Bewußtsein, über der Entgegensetzung der Individuen schwebt, nicht ein Bewußtsein und Anerkennen derselben. Also die Form

[1] *Daneben und weiter unten am Rande*: 3 Potenzen: a) Mord, b) Rache, c) Zweikampf; die Mitte ist der Kampf, das Schwanken. Zweikampf, persönliche Beleidigung im einzelnen.

der Gleichheit fehlt, und die Gleichheit der Gefahr; denn die Gefahr ist nichts anderes, als die werdende Negation, aber das Wissen um dieselbe, die Indifferenz ist hier nicht in ihr, sondern ist nur material; das Verhältnis ist unter den Begriff subsumiert. In dieser Gleichheit ist die wahrhafte reale Umkehrung der Subsumtion, und sie ist die Rache; dasjenige, was getötet worden ist, muß die Umkehrung selbst machen; aber als Getötetes ist [es] nur ein Ideelles; es kann aus seinem Leben, welches sein Blut ist, nur sein Geist rächend emporsteigen, und entweder dieser den Mörder so lange herumjagen, bis, auf welche Weise es sei, dieser sich eine Realität gegenüberstelle, und selbst dem Geiste des Erschlagenen einen Körper verschaffe, der, weil er nicht mehr dieselbe äußere Erscheinung des Erschlagenen ist, als ein Allgemeineres überhaupt erscheint, und der Geist als Schicksal sich seine Rache verschafft. – Oder aber [es] ist die eigene, dem Geiste angehörige reale Lebendigkeit geblieben; er hat seinen Leib behalten, und der Mord hat nur ein einzelnes Glied und Organ umgebracht, so nimmt dieser noch lebendige Leib, die Familie, die Rache auf sich. – Die Rache ist das absolute Verhältnis gegen den Mord, und den einzelnen Mörder; sie ist nichts anders als die Umkehrung dessen, was der Mörder gesetzt hat; dieses läßt sich auf keine andere Weise aufheben und vernünftig machen; es kann nicht davon abstrahiert werden; denn es ist eine Wirklichkeit gesetzt, die als solche ihr Recht haben muß, daß nämlich nach der Vernunft das Gegenteil des Aufgestellten aufgestellt werde; die Bestimmtheit des Verhältnisses | bleibt, aber innerhalb desselben wird es itzt in das Entgegengesetzte verwandelt, das Subsumierende wird subsumiert; es ist ganz allein diese Form, welche sich verändert.

γγ) Die Totalität dieses Verhältnisses ist das Vernünftige, und macht die Mitte hervortreten; die Indifferenz der Gerechtigkeit, welche in der Rache ist, aber als ein materiales Äußeres, tritt in die Individuen als gleiches Bewußtsein der werdenden Negation, und dadurch wird die Realität dieses Werdens selbst gleich. Es scheint hiedurch eine Ungerechtigkeit obzuwalten, indem derjenige, welcher den Angriff, die erste ungleiche, einseitige Subsumtion gemacht hat, – und in der Erscheinung müssen die beiden entgegengesetzten Subsumtionen auch als aufeinanderfolgend sich darstellen, – im Unrecht sein soll, aber durch das Bewußtsein nur in die Gleichheit der Gefahr käme. Wenn von Rache die Rede ist, so muß auch schlechthin nur derjenige, der der Mörder war, auf eine sichere Weise wieder subsumiert werden; und die Rächenden also die Gleichheit der Stärke vermeiden, und entweder durch die Übermacht gegen die Gewalt, oder durch List, d. h. durch Umgehung der Stärke überhaupt die Rache ausüben. Aber hier in der Totalität des Verhältnisses ist es ein anderes; sie schließt nämlich unmittelbar die Einzelnheit so aus, daß für die Rache nicht der Rächende ein Fremdes, oder auch ein Einzelnes sei, sowenig als der Angreifende; sondern Glied einer Familie, nicht eine Abstraktion; indem aber dies ist, so ist der Mord nicht eine absolute Negation; der Geist hat nur ein Glied des Leibes verloren, und die Rache kann ebensowenig absolute Negation sein. In der Totalität der Rache muß die Form als absolutes Bewußtsein gesetzt sein, und so der Verletzte selbst, und kein Fremder der Rächende sein, dies ist aber nur die Familie; ebenso ist der Beleidiger nicht ein Einzelnes, er hat als Einzelnes nicht beleidigt, sondern als Glied eines Ganzen; er ist in der Totalität nicht als Abstraktion gesetzt. Hiedurch ist unmittelbar zugleich die Mitte gesetzt; nämlich negativ die Aufhebung der Übermacht und Bewußtlosigkeit des einen, und die Gleichheit der Gefahr für beide, der Kampf; die Diferenz für das Verhältnis ist bei völlig äußerer Gleichheit im Inneren; (daher der Kampf ein Gottesurteil) die eine Seite ist nur verteidigend, die andere zugleich angreifend; auf der beleidigten | Seite ist das Recht, oder sie ist das Indifferente, Subsumierende; sie ist daher absolut, weil sich die absolute Gleichheit durch die Umkehrung darstellen muß, sie das Subsumierte, vor itzt das Subsumierende ist. Aber mit der Größe des noch lebenden Körpers mindert sich der Verlust des verlornen Gliedes, und damit auch das Recht, und das Recht oder die Indifferenz wird dadurch, daß die Besonderheit der Handlung des Beleidigten in die Indifferenz des Ganzen zur Sache des Ganzen gemacht wird, zur Ehre, und hiemit auf beiden Seiten gleich; durch die Ehre ist das böse Gewissen, der Trieb sich zu vernichten, aufgehoben, denn sie ist der Trieb des Subsumierens; und die beleidigte Seite, welche ganz die Einzelnheit der Tat, welche als diese Einzelnheit nicht die ihrige ist, von sich wegnimmt, ist durch die Ehre völlig in gleichem Rechte, wie in der einzelnen persönlichen Beleidigung der Beleidigte dadurch, daß er sein Leben schützt. Diese Gleichheit, vor welcher die Seite des Rechts, und des nothwendigen Subsumierens, verschwindet, ist der Krieg; es ist in ihm die Differenz des Verhältnisses des Subsumierens verschwunden, und die Gleichheit das Herrschende; beides sind Indifferenzen, die Differenz ist das Äußere, Formelle des Kampfs, nicht das Innere, sondern etwas, das in absoluter Unruhe ist, von einer Seite zur andern beständig übergeht (Mars ein Überläufer) und das Subsumiertwerden ganz zweifelhaft und es erst entscheiden läßt. Es entscheidet sich entweder durch völlige Subsumtion des einen Teils, der an sich als Totalität unsterblich ist, nicht die Ausrottung, sondern Unterwerfung desselben; und Knechtschaft; worin das Höhere, nicht die Kleinigkeit der ersten Beleidigung entscheidet, sondern die größere oder geringere Stärke der Totalität, welche durch den Kampf sich in die Gleichheit und in die Prüfung derselben, welche vorher in der Beziehungslosigkeit des Nebeneinander bloß ideell, ein Gedachtes war, einläßt, und sich der Entscheidung, welches wahrhaft die indifferentere oder stärkere sei, unterwirft, welche also mit dem Verhältnis der Herrschaft endigen kann. – Oder es kommt zu keiner absoluten Entscheidung, welche die Ganzheit der totalen Individuen beträfe, sondern sie finden sich mehr oder weniger gleich; wenigstens für den empirischen Augenblick unfähig auch bei der offenbaren Überlegenheit des einen die Realität der Konstitution des Verhältnisses bis ans Ende hinauszuführen; das abstrakte Übergewicht des einen wäre wohl vorhanden, aber nicht das | reale desselben für diesen Augenblick des Kampfs; indem die Kräfte desselben für andere Naturnotwendigkeiten, die nicht unmittelbar den Kampf, sondern das innere Bestehen der Totalität betreffen, notwendig, und nicht für den Kampf verwendet werden können, der Zorn (ϑυμος) nimmt ab, denn er ist das Gefühl des nicht reellen Verhältnisses der Indifferenz des Subsumierenden; er kehrt zum Gefühl der Gleichheit zurück, indem die Realität des Kampfs dieser Einbildung des Zorn widerspricht; und so wird ein Frieden gemacht, in welchem, es sei ob ein Teil die Stellung des Subsumierenden erhalte und der andere des Besiegten und einzelne Bestimmtheiten aufgebe, oder ob beide mit dem Gefühle völliger Gleichheit den Kampf aufheben, sie sich in die vorherige unbezogene verhältnislose Differenz setzen und also mit der Aufhörung der Beziehung auch alles Interesse aufhört. Die Vernünftigkeit dieser Totalität ist also an den Gegensätzen die Gleichheit der Indifferenz; die Mitte das Einssein derselben in ihrem völligen Vermischtsein und in ihrer Ungewißheit.

III. SITTLICHKEIT

In den vorhergehenden Potenzen ist die Totalität der Besonderheit nach ihren beiden Seiten, der Besonderheit als solcher, und der Allgemeinheit als abstrakter Einheit; jene ist Familie, aber sie ist eine solche Totalität, in welcher zwar alle Naturpotenzen vereinigt sind; aber die Anschauung ist zugleich im Verhältnis, das sich reell objektiv Anschauen des Individuums in dem andern ist mit einer Differenz behaftet; das Anschauen im Weibe, im Kinde und im Knechte ist keine absolute vollkommene Gleichheit; sie bleibt eine innere, nicht herausgeborene, unausgesprochene; es ist eine Unüberwindlichkeit des Begreifens der Natur darin; – in der Allgemeinheit aber ist die Freiheit vom Verhältnis, das Vernichten der einen | Seite desselben durch die andere das Höchste, und es ist nur vernünftig als absoluter Begriff, insofern es auf diese Negativität geht.

Aber die absolute Natur ist in keinem in Geistesgestalt, und darum auch nicht als Sittlichkeit vorhanden; weder die Familie, noch viel weniger die untergeordneten Potenzen, am wenigsten das Negative ist sittlich. Die Sittlichkeit muß mit völliger Vernichtung der Besonderheit und der relativen Identität, deren das Naturverhältnis allein fähig [ist], absolute Identität der Intelligenz sein; oder die absolute Identität der Natur muß in die Einheit des absoluten Begriffs aufgenommen, und in der Form dieser Einheit vorhanden sein: ein klares und zugleich absolut reiches Wesen, ein vollkommenes sich Objektivsein und Anschauen des Individuums in dem Fremden, also die Aufhebung der natürlichen Bestimmtheit und Gestaltung, völlige Indifferenz des Selbstgenusses; auf diese Weise ist der unendliche Begriff allein schlechthin eins mit dem Wesen des Individuums, und dasselbe in seiner Form als wahre Intelligenz vorhanden; es ist wahrhaft unendlich, denn alle seine Bestimmtheit ist vernichtet; und seine Objektivität ist nicht für ein künstliches Bewußtsein für sich, mit Aufhebung der empirischen Anschauung und für die intellektuelle Anschauung; so [ist] die intellektuelle Anschauung durch die Sittlichkeit und in ihr allein eine reale, die Augen des Geistes und die leiblichen Augen fallen vollkommen zusammen; der Natur nach sieht der Mann Fleisch von seinem Fleisch im Weibe, der Sittlichkeit nach allein Geist von seinem Geist in dem sittlichen Wesen, und durch dasselbe.

Die Sittlichkeit ist hienach bestimmt, daß das lebendige Individuum als Leben dem absoluten Begriffe gleich sei, daß sein empirisches Bewußtsein eins sei mit dem absoluten und das absolute Bewußtsein selbst empirisches Bewußtsein, eine von sich unterscheidbare Anschauung; aber so, daß diese Unterscheidung durchaus etwas Oberflächliches und Ideelles ist, und das Subjektsein in der Realität und der Unterscheidung nichts ist. Dieses völlige Gleichsein ist allein möglich durch die Intelligenz, oder den absoluten Begriff, nach welchem das lebendige Wesen, als Gegenteil seiner selbst, als Objekt [ist]; dies Objekt ist selbst absolute Lebendigkeit und absolute Identität des Einen und Vielen, nicht wie jede andere empirische An|schauung unter ein Verhältnis gesetzt, [das] der Notwendigkeit dienend und als Beschränktes, die Unendlichkeit außer sich habend gesetzt ist.

In der Sittlichkeit ist also das Individuum auf eine ewige Weise; sein empirisches Sein und Tun ist ein schlechthin Allgemeines; denn es ist nicht das Individuelle, welches handelt, sondern der allgemeine absolute Geist in ihm. Die Ansicht der Philosophie von der Welt und der Notwendigkeit, nach welcher alle Dinge in Gott sind und keine Einzelnheit ist, ist für das empirische Bewußtsein vollkommen realisiert, indem jede Einzelnheit des Handelns oder Denkens oder Seins ihr Wesen und [ihre] Bedeutung ganz allein im Ganzen hat, und insofern ihr Grund gedacht, ganz allein dieses gedacht wird, und das Individuum keinen andern weiß und sich einbildet; da das nicht-sittliche empirische Bewußtsein darin besteht, daß es zwischen das Einssein des Allgemeinen und Besondern, deren jenes der Grund ist, irgend eine andere Einzelnheit als Grund einschiebt; hier hingegen ist die absolute Identität, die vorher der Natur und etwas Inneres war, ins Bewußtsein herausgetreten.

Die Anschauung dieser Idee der Sittlichkeit aber, die Form, in der sie von Seiten ihrer Besonderheit erscheint, ist das Volk. Es ist die Identität dieser Anschauung und der Idee zu erkennen. In dem Volke nämlich ist überhaupt formell die Beziehung einer Menge von Individuen gesetzt, nicht eine beziehungslose Menge, noch eine bloße Mehrheit; jenes nicht, eine Menge überhaupt setzt nicht die Beziehung, die in der Sittlichkeit ist, die Subsumtion aller unter ein Allgemeines, das Realität für ihr Bewußtsein hätte, eins mit ihnen wäre und Macht und Gewalt über sie hätte, insofern sie Einzelne sein wollten, freundlich oder feindlich identisch mit ihnen sei; sondern die Menge ist absolute Einzelnheit, und der Begriff der Menge, indem sie eins sind, ist ihre Abstraktion ihnen fremd, außer ihnen; – auch nicht eine bloße Mehrheit, denn die Allgemeinheit, in welcher sie eins sind, ist absolute Indifferenz; in einer Mehrheit aber ist diese nicht gesetzt, sondern die Mehrheit ist nicht die absolute Vielheit, als Darstellung aller Differenzen, durch welche Allheit eben sich allein die Indifferenz reell darstellen, und eine allgemeine sein kann.

Indem das Volk die lebendige Indifferenz, und alle natürliche Differenz vernichtet ist, schaut das Individuum sich in jedem als sich selbst an; es gelangt zur | höchsten Subjekobjektivität; und diese Identität aller ist eben dadurch nicht eine abstrakte, nicht eine Gleichheit der Bürgerlichkeit, sondern eine absolute, und eine angeschaute im empirischen Bewußtsein, im Bewußtsein der Besonderheit sich darstellende; das Allgemeine, der Geist, ist in jedem und für jedes, selbst insofern es Einzelnes ist. Zugleich ist dieses Anschauen und Einssein unmittelbar, das Anschauen ist nicht ein anderes als der Gedanke, es ist nicht symbolisch; es tritt nicht zwischen die Idee und die Realität eine Besonderheit, die erst durch den Gedanken zu vernichten, nicht schon an und für sich dem Allgemeinen gleich wäre; sondern das Besondere, das Individuum, ist als besonderes Bewußtsein schlechthin dem Allgemeinen gleich; und diese Allgemeinheit, welche die Besonderheit schlechthin mit sich vereinigt hat, ist die Göttlichkeit des Volkes, und dieses Allgemeine in der ideellen Form der Besonderheit angeschaut, ist der Gott des Volks; er ist eine ideelle Weise es anzuschauen.

Das Bewußtsein ist das Unendliche, der absolute Begriff, in der Form der Einheit; im empirischen Bewußtsein aber ist der Begriff nur als Verhältnis gesetzt; die Entgegengesetzten des Begriffs sind, und also entgegengesetzte; ihre Einheit ist als solche eine verborgene, sie erscheint an beiden, als Quantität, d. h. unter der Form der Möglichkeit, geteilt zu sein (in einem Bewußtsein), und die Wirklichkeit des Geteiltseins ist eben die Entgegensetzung; in der Sittlichkeit aber ist diese Trennung für das empirische Bewußtsein selbst eine ideelle Bestimmtheit; es erkennt an dem Entgegengesetzten, dem Objekt, absolut dasselbe, was das Subjekt ist; es schaut die Dieselbigkeit an.

Diese Anschauung ist absolut, weil sie schlechthin objektiv ist, alles Einzelnsein und Empfindung in ihr vertilgt ist und sie Anschauung, weil sie im Bewußtsein [ist]; ihr Inhalt ist absolut, weil er das Ewige und von allem Subjektiven befreit ist; die Gegensätze, das Empirische und die Erscheinung fallen so sehr innerhalb der absoluten Anschauung selbst, daß sie nur als Spiele sich darstellen. Alle Beziehung auf Bedürfnis und Vernichten ist aufgehoben, und das Praktische, welches | mit dem Vernichten des Objekts anfing, ist in sein Gegenteil, in Vernichtung des Subjektiven übergegangen, so daß das Objektive die absolute Identität von beidem ist.

Diese Totalität muß betrachtet werden nach den Momenten ihrer Idee, und zwar so: zuerst die Ruhe derselben, oder die Staatsverfassung, alsdenn ihre Bewegung oder die Regierung; dort die Idee als Anschauung; hier nach dem Verhältnis; aber so, daß nunmehr das Wesen der Totalität selbst absolute Identität der Anschauung und des Begriffs ist; und die Form dieser Identität, unter welcher sie erscheint, etwas durchaus Oberflächliches; die Extreme des Verhältnisses sind schlechthin die Totalität selbst, nicht Abstraktionen, welche nur durch das Verhältnis wären.

A.
Die Staatsverfassung

Das Volk als organische Totalität ist die absolute Indifferenz aller Bestimmtheiten des Praktischen und Sittlichen; ihre Momente als solcher sind die Form der Identität, der Indifferenz, alsdenn die der Differenz, und endlich die der absoluten lebendigen Indifferenz; und keins dieser Momente ist eine Abstraktion, sondern eine Realität.

I. DIE SITTLICHKEIT ALS SYSTEM, RUHEND

Der Begriff der Sittlichkeit ist in ihre Objektivität, die Aufhebung der Einzelnheit gelegt worden. Dieses Vernichtetsein des Subjektiven im Objektiven, das absolute Aufgenommensein des Besondern ins Allgemeine ist

a) Anschauung; das Allgemeine nicht ein Formelles, dem Bewußtsein und der Subjektivität, oder der individuellen Lebendigkeit Entgegengesetztes, sondern in der Anschauung schlechthin eins mit ihr. In jeder Gestalt und Äußerung der Sittlichkeit hebt sich der Gegensatz einer Position und Negation durch die Integration derselben auf; die Trennung aber des Besondern und Allgemeinen würde erstlich als eine Knechtschaft des Besondern erscheinen, als ein dem Sittengesetz Unterjochtes, alsdenn als die Möglichkeit eines andern; in dem Sittlichen wäre keine | Notwendigkeit; der Schmerz würde nicht ertragen, denn er würde nicht in seiner Objektivität angeschaut, und nicht abgetrennt; und die sittliche Handlung würde eine Zufälligkeit der Einsicht, denn mit der Trennung ist die Möglichkeit eines andern Bewußtseins gesetzt.

b) Diese Sittlichkeit, als dieser lebendige, selbständige Geist, der als ein Briareus erscheint von Myrien von Augen, Armen und den andern Gliedern, deren jedes ein absolutes Individuum ist, ist ein absolut Allgemeines, und in Bezug auf das Individuum erscheint jeder Teil dieser Allgemeinheit, jedes, was ihr angehört, als ein Objekt, als ein Zweck; es ist ein Ideales für dasselbe als solches, oder wie es in sein Bewußtsein tritt; aber es tritt in sein Bewußtsein, heißt nichts anders, als es ist als Individuum gesetzt. Aber ein anderes ist es, insofern das Individuum die absolute Sittlichkeit unter sich subsumiert und sie an ihm als seine Individualität erscheint. Es ist hier, wie überhaupt, ebensowenig gemeint, als ob der Willen, die Willkür, Bestimmtheiten, welche durchs Individuum gesetzt wären, die Sittlichkeit subsumierten, so daß sie sie beherrschten, sie negativ als Feind und Schicksal setzten; sondern das Subsumieren ist ganz allein die äußere Form der Subjektivität, unter welcher die Sittlichkeit erscheint, ohne daß ihr Wesen dadurch affiziert wird; diese ihre Erscheinung ist die Sittlichkeit des Einzelnen, oder die Tugenden; weil das Individuelle das Einzelne ist, die Möglichkeit, das Negative, die Bestimmtheit, so sind auch die Tugenden in ihrer Bestimmtheit, Negatives, Möglichkeiten des Allgemeinen. Hier ist denn der Unterschied der Moral vom Naturrecht gesetzt, nicht als ob sie getrennt, jene von diesem ausgeschlossen wäre, sondern ihr Inhalt ist völlig im Naturrecht, die Tugenden erscheinen am absolut Sittlichen, aber nur in ihrer Vergänglichkeit.

Die Sittlichkeit ist nun

a) als absolute Sittlichkeit nicht der Inbegriff, sondern die Indifferenz aller Tugenden, sie erscheint nicht als Liebe zum Vaterlande und Volk und Gesetzen, sondern als das absolute Leben im Vaterlande und für das Volk; sie ist die absolute Wahrheit, denn die Unwahrheit ist nur in dem Fixieren einer Bestimmtheit; in dem Ewigen des Volkes aber ist alle Einzelnheit aufgehoben; sie ist die absolute Bildung, denn im Ewigen ist die reale empirische Vernichtung aller Bestimmtheiten und | der Wechsel aller; sie ist die absolute Uneigennützigkeit, denn im Ewigen ist nichts Eigenes; sie ist, und jede ihrer Bewegungen die höchste Schönheit und Freiheit, denn das Reellsein und die Gestaltung des Ewigen ist seine Schönheit; sie ist ohne Leiden und selig, denn in ihr ist alle Differenz und aller Schmerz aufgehoben; sie ist das Göttliche, absolut, reell, existierend, seiend, unter keiner Hülle, noch so, daß es erst in die Idealität der Göttlichkeit herauszuheben und erst aus der Erscheinung und der empirischen Anschauung herauszuziehen wäre, sondern sie ist unmittelbar absolute Anschauung.

Die Bewegung aber dieser absoluten Sittlichkeit, wie sie im absoluten Begriff ist, läuft alle Tugenden durch, aber fixiert sich in keiner. In der Bewegung geht das Sittliche in Differenz und hebt sie auf: die Erscheinung des Übergangs vom Subjektiven zum Objektiven und das Aufheben dieses Gegensatzes. Diese Tätigkeit des Produzierens geht nicht auf ein Produkt, sondern zerschlägt es unmittelbar, und macht die Leerheit der Bestimmtheiten eintreten. Jene Differenz in ihrer Erscheinung ist die Bestimmtheit, und diese gesetzt als ein zu Negierendes. Aber dieses zu Negierende muß selbst eine lebendige Totalität sein; das Sittliche muß in seiner Differenz selbst seine Lebendigkeit anschauen, und hier so, daß das Wesen dieses gegenüberstehenden Lebendigen als ein Fremdes und zu Negierendes gesetzt ist – nicht wie in der Erziehung, daß die Negation, Subjektivität nur die Oberfläche des Kindes ist. Eine solche Differenz ist der Feind, und die Differenz in Beziehung gesetzt ist zugleich als ihr Gegenteil des Seins der Gegensätze als das Nichts des Feindes, und dies Nichts auf beiden Seiten gleichmäßig ist die Gefahr des Kampfes. Dieser Feind kann für das Sittliche nur ein Feind des Volkes, und selbst nur ein Volk sein. Weil hier die Einzelnheit auftritt, so ist es für das Volk, daß der Einzelne sich in die Gefahr des Todes begibt. Außer dieser negativen Seite aber erscheint auch die positive der Differenz und gleichfalls als Sittlichkeit, oder aber als Sittlichkeit im Einzelnen, oder die Tugenden. Die Tapferkeit ist die Indifferenz der Tugenden als Negativität, oder die Tugend in Bestimmtheit, aber in der Absolutheit des Bestimmtseins; sie ist also die Tugend an sich, aber die formale; da jede andere nur eine Tugend ist. Weil nun in der Differenz die Bestimmtheit als Mannigfaltigkeit ist, | so erscheint in ihr auch der ganze Kranz der Tugenden. In dem Kriege als der Darstellung des Negativen und des Mannigfaltigen und seiner Vernichtung tritt also die Mannigfaltigkeit der bestimmten Verhältnisse ein, und in ihnen die Tugenden; jene erscheinen als das, was sie sind, durch empirische Nothwendigkeit gesetzt, und ebenso schnell verschwinden sie auch wieder, und mit ihnen das Dasein der Tugenden, welche, weil sie diese sich jagende Eile haben, ebensowohl ohne alles Verhältnis zu einer bestimmten Totalität (dem ganzen Zustand eines Bürgers) und also ebensowohl Laster sind. Die Not des Kriegs setzt die höchste Enthaltsamkeit, und ebenso die höchste Armseligkeit und Erscheinung des Geizes, und dann des Genusses, der ebenso Schwelgerei ist, weil er keinen Bedacht auf den morgenden Tag oder das ganze Leben und Auskommen haben kann; die Sparsamkeit und die Freigiebigkeit werden Geiz und die höchste Hartherzigkeit gegen sich und andere, wenn die höchste Not diese Einschränkung fodert, – und Verschwendung; denn das Eigentum wird weggeworfen, da es kein Bleiben haben kann und die Ausgabe dem eigenen oder fremden Gebrauche und Bedürfnisse ganz unangemessen ist. Ebenso ist die völlig in die Indifferenz nicht aufgenommene Realität, das nicht Tugend Werden der Bestimmtheit, sondern das Sein in ihrer Negativität, oder das Vernichten im höchsten Grade vorhanden; wie das Sittliche der Tugenden, so das Arbeiten. Die Not des Kriegs erfodert die höchsten Anstrengungen des Körpers, und völlige formale Begriffseinheit des Geistes in mechanischer Arbeit ebensowohl als die höchste Knechtschaft eines ganz äußeren Gehorsams. Wie die Tugenden ohne die äußere und innere Heuchelei; nach jener würde ihre Erscheinung und Äußerlichkeit durch die Willkür des Subjekts gesetzt sein, welches im Innern in der Absicht aber etwas anderes hätte, – was aber hier nicht geschehen kann, weil das Sittliche das Wesen, das Innere ist; ebensowenig als die innere, welche sich ihrer Sittlichkeit bewußt, durch dies Bewußtsein ihre Subjektivität festhält und Moralität ist; dort der äußere Schein, hier der innere Schein, das Bewußtsein seine Pflicht getan zu haben, daß sie vor dem Individuum selbst leuchtet. – Ebenso ist die Arbeit ohne Zweck, ohne Bedürfnis und ohne Beziehung auf die praktische | Empfindung, ohne Subjektivität; so wenig als sie auf Besitz und Erwerb Beziehung hat, sondern mit ihr selbst hört ihr Zweck auf, und ihr Produkt. Dieser Krieg ist nicht Krieg von Familien gegen Familien, sondern von Völkern gegen Völker, und damit ist der Haß selbst indifferentiiert, von aller Persönlichkeit frei; der Tod geht ins Allgemeine hinein, wie er aus dem Allgemeinen kommt, und ist ohne Zorn, der sich zuweilen schafft, so wie er sich auch aufhebt; das Schießgewehr ist die Erfindung des allgemeinen, indifferenten, unpersönlichen Todes; und es ist die Nationalehre das Treibende, nicht das Verletztsein eines Einzelnen; sondern die Verletzung, welche die Veranlassung des Krieges ist, kommt ganz in der Indifferenz der Ehre an jedes Individuum.

b) Relative Sittlichkeit, welche sich auf Verhältnisse bezieht und sich nicht in ihnen frei organisiert und bewegt, sondern die Bestimmtheit, welche in ihnen ist, bestehen läßt, aber sie zur Gleichheit mit der entgegengesetzten bringt, nämlich zu einer oberflächlichen, teilweisen, die nur im Begriff ist. Diese Form der Sittlichkeit schafft also Recht, und ist Rechtschaffenheit. Da, wo sie handelt oder real wird, hält sie am Recht [fest], daß jedem das Seinige zukomme, und zwar nicht nach geschriebenen Gesetzen, sondern sie nimmt das Ganze des Falles und spricht nach der Billigkeit, wenn das Recht nicht entschieden ist, sonst muß sie sich an dieses halten; in der Billigkeit aber mildert sie nach dringenden Bedürfnissen, für empirische Umstände der Not, einer verzeihlich genannten Unwissenheit, einem subjektiven Zutrauen, das Objektive des Rechts; ihre Totalität ist die empirische Existenz des Einzelnen, deren Erhaltung sie an sich und andern sich angelegen sein läßt. Die Rechtschaffenheit sorgt für die Familie nach dem Stand, den diese hat, so für die Mitbürger, hilft der einzelnen Not ab, erzürnt sich über schlechte Handlung. Das Allgemeine, das Absolute der Sittlichkeit, und wie dieses in seiner Realität sein und die Realität unterworfen werden müßte, ist für die Rechtschaffenheit ein Gedanke; ihr höchster Schwung ist, hierüber mancherlei Gedanken zu haben; aber ihre Vernunft zugleich, daß sie einsieht, wie der empirische Zustand verändert werden würde, und dieser liegt ihr zu nahe am Herzen, als daß sie ihm etwas geschehen lassen sollte; ihre Vernunft ist also einzusehen, daß die absolute Sittlichkeit ein Gedanke bleiben muß. |

In Beziehung auf das Negative und die Aufopferung opfert sie von ihrem Erwerb sowohl fürs Allgemeine nach einem Begriff dem Volke in den Abgaben auf nach der Gleichheit der Gerechtigkeit, als im Besondern für die Armen und Leidenden. Aber weder den ganzen Besitz noch das Leben darf sie hingeben, denn die Einzelnheit ist in ihr fixiert, also die Person und das Leben nicht nur ein Unendliches, sondern ein Absolutes; sie kann also nicht tapfer sein, ebensowenig als sie die ganze Reihe der Tugenden durchzugehen vermag; oder als Tugend sich nur für den Moment organisieren; denn die Tugend ist selbst für den Moment ohne Zweck und Beziehung auf eine andere Totalität, als sie in sich selbst hat; die empirische Totalität der Existenz setzt der Uneigennützigkeit und der Aufopferung ihre bestimmte Grenze und muß unter der Herrschaft des Verstandes stehen.

c) Das Zutrauen ist in der Identität des Ersten und der Differenz des Zweiten; so daß jene Identität der absoluten Sittlichkeit eine eingehüllte, nicht zugleich in den Begriff aufgenommene und ausgebildete Anschauung ist, und daher dieselbe in der Form ihrer Intellektualität außer ihr liegt. Für das Derbe, Gediegene der Anschauung, welches der Erkenntnis und der Form, also ebenso zum Handeln des Verstandes entbehrt, ist eben dieselbe Anschauung ausgebildet eine Macht, gegen welche es different ist, aber zugleich mißtrauisch, weil die Einzelnheit, in welcher sie an es kommt, sie ums Ganze zu bringen scheinen kann, und die Identität der absoluten Anschauung und der Form als einzelnes Mittel ihr nicht einleuchten kann; es ist nicht durch Verstand (denn durch dieses fürchtet es, wie billig, betrogen zu werden), daß es in Bewegung zu setzen, sondern durch Ganzheit des Zutrauens und der Notwendigkeit, durch äußerliches, ebenso auf das Ganze gehendes, Antreiben. So elementarisch seine sittliche Anschauung ist, so ist auch seine Arbeit; sie kommt nicht aus dem Verstand, noch ist sie in der Vereinzelung der Rechtschaffenheit, sondern ist ganz und derb, und geht nicht auf Vernichtung und Tod des Objekts, sondern läßt das Nützliche durch die Natur tun und hervorbringen. Ebenso wird | sein Eigentum in der Unwissenheit des Rechts ihm erhalten, und nach Leidenschaft und Beredung der Streit vermittelt. – Dieses Zutrauen, weil es auf ein Ewiges sich verläßt, ist denn auch der Tapferkeit fähig.

In der realen absoluten Totalität der Sittlichkeit müssen diese drei Formen derselben ebenso real sein; jede muß sich für sich selbst organisieren, ein Individuum sein und Gestalt annehmen; denn ihre Vermischung ist die Formlosigkeit des natürlich Sittlichen, und Weisheitslosen. Es versteht sich, daß, indem jede sich organisiert, sie eben dadurch Totalität ist und die andern Potenzen der Form, aber sich gemäß und anorganisiert in sich trägt, wie sie schon nach ihren Begriffen in jeder aufgezeigt worden sind. Die Individualisierung das lebendige Leben ist nicht möglich ohne Vereinzelung; jedes Prinzip und [jede] Potenz muß schlechthin ihrem Begriff zugehen, denn sie [ist] reell, und muß nach ihrem Selbstgenuße streben, und für sich zu sein. In ihrem Begriff, oder in ihrer eigenen Indifferenz hat sie die relative Identität mit dem andern vollkommen in sich genommen und sich also gestaltet, und zu dieser eigenen Gestaltung muß alles dringen, was Potenz ist; denn die Unendlichkeit ist schlechthin eins mit der Realität; aber in der Unendlichkeit ist die Differenz der Potenzen. Daß die physische Natur nach ihrer Weise die Potenzen rein gestaltet ausdrückt und jede für sich lebendig setzt, scheint nur darum leichter aufzunehmen zu sein, weil nach dem Prinzip der Vielheit der Natur jedes Einzelne Unvollständiges sein dürfe; in der sittlichen aber müsse jedes ein absolut Vollständiges sein, und jedes macht für sich schlechthin Anspruch auf die absolute reale Totalität, weil die Einzelheit eines jeden die absolute, oder der reine Begriff, also die Negation aller Bestimmtheiten ist. Allein eben dieser absolute Begriff und [die] Negation ist die höchste Abstraktion, und unmittelbar das Negative; das Positive ist die Einheit dieser Form mit dem Wesen; und dies ist die Ausbreitung der Sittlichkeit in ein System von Potenzen (und der Natur), und die sittliche Potenz, die sich organisiert, kann sich nur in Individuen als ihrem Stoff organisieren, und nicht das Individuum als solches ist das wahrhaft, sondern nur das formell Absolute, das Wahrhafte ist das System der Sittlichkeit. Darum kann dieses System auch nicht so gedacht werden, daß es als reines im Individuum als solchem sei, nämlich als ausgebildetes, in seinen Potenzen sich vollständig verteilendes; denn sein Wesen ist die Ätherizität, das Elementarische, Reine, welche die Einheiten sich unterworfen | und sie aus ihrer Sprödigkeit in die absolute Weichheit aufgelöst hat; die Einzelnheit des Individuums ist nicht das Erste; sondern die Lebendigkeit der sittlichen Natur, die Göttlichkeit, und für ihr Wesen ist das einzelne Individuum zu arm, ihre Natur in ihrer ganzen Realität aufzufassen; momentan vermag es als formale Indifferenz alle Momente darzustellen; aber es ist als formale Indifferenz das Negative, die Zeit, und vernichtet sie wieder; aber das Sittliche muß als Natur, als Bestehen aller Potenzen und jede in ihrer lebendigen Gestalt sich auffassen, eins sein mit der Notwendigkeit und als relative Identität bestehen, aber diese Nothwendigkeit hat keine Realität, als insofern jede Potenz Realität hat, d. h. Totalität ist.

Die Potenzen der Sittlichkeit, in dieser Realität sich darstellend innerhalb der vollkommenen Totalität, sind die Stände; und das Prinzip eines jeden ist die bestimmte Form der Sittlichkeit der vorhin aufgezeigten; es ist also ein Stand der absoluten freien Sittlichkeit, ein Stand der Rechtschaffenheit, und ein Stand der unfreien, oder natürlichen Sittlichkeit. Nach dem wahren Begriff eines Standes ist er nicht eine Allgemeinheit, welche außer ihm liegt, und ein Gedachtes ist; sondern die Allgemeinheit ist in ihm reell; er erkennt sich in seiner Gleichheit und konstituiert sich als Allgemeines gegen Allgemeines, und das Verhältnis der unterschiedenen Stände ist [nicht] ein Verhältnis von Einzelnen zu Einzelnem; sondern jeder Einzelne ist dadurch

[, daß er] einem Stand angehört, ein allgemeines, und hiemit ein wahrhaftes Individuum, und eine Person; so ist also z. B. der Sklavenstand kein Stand; denn er ist nur ein formell Allgemeines; der Sklave verhält sich als Einzelnes zum Herrn.

a) Der absolute Stand hat die absolute reine Sittlichkeit zu seinem Prinzip, und in der obigen Darstellung derselben ist er selbst dargestellt; denn sein Reellsein und seine Idee sind schlechthin eins, weil die Idee die absolute ist. In dem Reellsein der absoluten Sittlichkeit ist allein die Art zu betrachten, wie dieser Stand in Rücksicht auf das Bestehen der Differenz sich verhält und wie das Praktischsein in ihm indifferentiiert sein kann. In der Idee selbst ist es, wie oben dargestellt, schlechthin nur negativ, und in seiner Realität die Verhältnisse und die sich auf sie beziehenden | Tugenden, sich vertreibend und der empirischen Zufälligkeit überlassen. Aber das Bedürfnis und der Gebrauch der Dinge ist für die Realität der Sittlichkeit oder den Stand eine absolute Notwendigkeit, die sich an seine Fersen hängt, aber nicht in ihrer oben dargestellten Form in ihrem Auseinandergehaltensein an ihm hängen darf; denn seine Arbeit darf nur eine allgemeine sein, aber die Arbeit für das Bedürfnis wäre eine einzelne. Die Befriedigung des Bedürfnisses selbst ist zwar selbst auch schlechthin eine Besonderheit; aber auch nichts als die Befriedigung desselben, oder die reine praktische Besonderheit soll hier vorkommen; denn sie ist als solche reine Vernichtung des Objekts, absolute Negation, aber keine Vermischung des Ideellen mit ihm, und [nicht] die Ausdehnung der Konsequenzen dieser Vermischung; kein teilweises Setzen der Intelligenz in das Objekt, nichts Praktisches, kein Bilden eines Unlebendigen, dessen Resultat doch die Vernichtung wäre; sondern die Arbeit kann keine andere, als die des Krieges sein, oder ein Bilden für diese Arbeit; denn die unmittelbare Tätigkeit im Volke ist keine Arbeit, sondern in sich organisch und absolut. Wenn sie nun keine Beziehung auf das Bedürfnis haben, und dies doch nicht ohne Arbeit befriedigt werden kann, so ist notwendig, daß die Arbeit durch die andern Stände geschähe, und das für das Bedürfnis Zubereitete und Verfertigte ihm geliefert werde, und ihm nur die unmittelbare Vernichtung im Genusse übrig bleibt. Aber dies Verhältnis dieses Standes zu den zwei andern ist, ein Verhältnis der bestehenden Realität selbst in die Indifferenz nach der möglichen Form aufzunehmen; diese ist hier die Gleichheit; und da es seinem Innhalt nach eine Nützlichkeit der andern Stände für den ersten ist, so daß jene diesem etwas liefern, was ihm notwendig ist, und er fremdes Gut und Erwerb zu seinem eigenen macht, so muß er nach der Gleichheit den andern wieder nützlich sein. Dies ist er aber auf die höchste Weise, und dann auf die ihrige; die Beziehung der Nützlichkeit nach ihrem Inhalt ist teils die des Unterschiedes beider, nach welcher er die absolute Macht für sie ist, teils der Gleichheit, nach welcher er im Negativen, also auf ihre immanente Weise für sie ist. Jene erste Nützlichkeit ist, daß er die absolute reale sittliche Gestalt ist, und also für sie das Bild des sich bewegenden und seienden Absoluten; die höchste reale Anschauung, welche die sittliche Natur verlangt; diese Stände bleiben ihrer Natur nach bei diesem Anschauen stehen, sie | sind nicht im unendlichen Begriff, durch welchen dies nur für ihr Bewußtsein Gesetzte als ein Äußeres, schlechthin ihr absoluter, eigener sie bewegender Geist wäre, der alle ihre Differenzen und Bestimmtheiten überwände; daß ihre sittliche Natur zu dieser Anschauung gelange, diesen Nutzen gewährt ihnen der erste Stand; insofern dies in der Gestalt eines Objektiven sich darstellende ihr absolutes inneres Wesen ist, bleibt es für sie ein Verborgenes, und vereinigt sich nicht mit ihrer Individualität und ihrem Bewußtsein. – Der andere Nutzen nach ihrer Weise ist im Negativen, und auf Seiten des ersten Standes ist ebenfalls die Arbeit gesetzt, aber die absolut indifferente, die der Regierung und der Tapferkeit; in Beziehung auf die andern Stände, oder an ihnen ist diese Arbeit die Sicherheit ihres Eigentums und Besitzes, und die absolute Sicherheit ist, daß sie selbst, wenigstens der zweite Stand, der Tapferkeit überhoben ist.

b) Der Stand der Rechtschaffenheit ist in der Arbeit des Bedürfnisses, dem Besitz und Erwerb und Eigentum. Da die Einheit, welche in diesen Verhältnissen ist, etwas schlechthin ideelles Gedachtes ist, um des Festseins der Differenz willen, so empfängt sie allein im Volke eine Realität. Sie ist die abstrakte, inhaltslose Macht überhaupt, ohne Weisheit; ihr Inhalt wird durch die Zufälligkeit der reellen Dinge und der Willkür, welche in ihnen ist, im Erwerb, in Verträgen [und] so weiter gesetzt; das Allgemeine, Rechtliche dieser Verhältnisse wird real, physische Gewalt gegen die Besonderheit, welche negativ dagegen sein will. Dieses Versenktsein im Besitz und Besonderheit hört hier auf, Knechtschaft gegen die absolute Indifferenz zu sein; es ist indifferentiiert, so gut es kann, oder die formale Indifferenz, das Personsein wird im Volk respektiert, und der Besitzende verfällt durch seine Differenz nicht mit dem ganzen Wesen, also nicht in persönliche Abhängigkeit; sondern seine negative Indifferenz ist als etwas Reelles gesetzt, und er ist also Bürger, bourgeois; und wird als Allgemeines anerkannt. Im ersten Stand ist alle Besonderheit der Individualität vernichtet, und so verhält er sich auch gegen den zweiten als Allgemeines, welcher hiedurch selbst so bestimmt ist, aber, um des Festseins seines Besitzes willen, nur ein formell Allgemeines, ein absolut Einzelnes [ist].

Da die Arbeit ebenso eine allgemeine wird, so ist, da sie nicht ihrer Materie nach auf die Totalität des Bedürfnisses geht, sondern nur dem Begriffe nach, eine allgemeine Abhängigkeit wegen der Befriedigung des physischen Bedürfnisses ge | setzt. Der Wert und der Preis der Arbeit und des Produkts bestimmt sich nach dem allgemeinen System aller Bedürfnisse, und die Willkür im Werte, die auf die besondere Not der andern sich gründete, sowie die Ungewißheit, ob der Überfluß für andere notwendig sei, hebt sich völlig auf. – Die Allgemeinheit der Arbeit, oder die Indifferenz aller als ihre Mitte, an der sie sich vergleichen, und in die jedes Einzelne sich unmittelbar umwandeln könne, als ein Reelles gesetzt, ist das Geld; so wie die tätige allgemeine Austauschung, das Tun, welches das besondere Bedürfnis und den besondern Überfluß vermittelt, der Handelsstand ist, der höchste Punkt der Allgemeinheit in dem Austausch des Erwerbs; was er produziert, ist, daß er den im besondern vorhandenen Überfluß aufnimmt, und ihn dadurch zu einem allgemeinen macht, so wie das, was er eintauscht, gleichfalls Geld, oder das Allgemeine ist.

[Da][1], wo der Umtausch, oder überhaupt das Übertragen des Eigentums an einen andern ideell wird, teils durch den allgemein bekannten Besitz des einen, welches allgemeine Bekanntsein die Übertragung hindert, indem auf ihr zum Teil das Eigentum und seine Gewißheit beruht, – teils durch das empirische Auseinandertreten des Zugleichseins des Umtausches, – wird jene Idea-

[1] *Original*: Daß

lität, dadurch daß die ganze Macht des Staats sich daran hängt, reell gesetzt, als ob das wirklich geschehen wäre, was geschehen soll, und die empirische Erscheinung des Tausches wird gleichgültig. So wie auch die empirische Erscheinung des Besitzes oder Nichtbesitzes gleichgültig wird, und es auf die nähere oder entferntere innere absolute Beziehung des Individuums auf die Sache ankommt, ob sie sein Eigentum sei oder nicht. Beides zusammen konstituiert die Gerechtigkeit über dingliches Eigenthum.

Die persönliche Verletzung, welche in der natürlichen Potenz unendlich, eine Sache der Ehre und der ganzen Person wurde, wird im realen Systeme diese bestimmte Abstraktion der Verletzung; denn da die Indifferenz des Individuums hier die absolute Indifferenz das Volk ist, dieses aber nicht verlezt werden kann, so bleibt nichts als genau die Bestimmtheit und Besonderheit der Verletzung übrig. An einem Bürger überhaupt wird also so wenig das Allgemeine verletzt, und dies ist so wenig zu rächen oder in Gefahr, daß nur die Besonderheit zu befreien übrigbleibt, dadurch, daß sie aufgehoben, nämlich der Verletzende unter eben dieselbe gesetzt wird. | Die Rache verwandelt sich auf diese Weise in Strafe; denn die Rache ist unbestimmt, und gehört der Ehre und der Ganzheit an; sie wird hier vom Volke übernommen, denn an die Stelle des besondern Beleidigten tritt die abstrakte, aber reale Allgemeinheit, nicht seine lebendige Allgemeinheit, die des Individuums ein.

Die lebendige Totalität aber für die Rechtschaffenheit ist die Familie, oder die natürliche, und ein Zustand des Eigentums und des Auskommens, der, so viel möglich, ebenso für die empirische Totalität des ganzen Lebens und der Erziehung der Kinder gesichert ist.

Er ist weder einer Tugend noch der Tapferkeit fähig; denn jene ist eine freie Individualität; die Rechtschaffenheit ist in der Allgemeinheit ihres Standes ohne Individualität, und in der Besonderheit ihrer Verhältnisse, ohne Freiheit.

Das Höchste, wozu dieser Stand durch Tätigkeit in seiner Produktion sich erschwingt, ist teils der Beitrag zu den Bedürfnissen des ersten Standes, teils Hülfe für [die][1] Bedürftigen;

[1] *Original*: den

beides ist eine teilweise Negation seines Prinzips; jenes fürs Allgemeine nach dem Begriff, dies im Besondern nach einer empirischen Not; jenes allgemeine Aufopfern ist ohne Lebendigkeit, so wie dieses lebendigere Aufopfern ohne Allgemeinheit.

Das innere Verhältnis der Familie ist ebenso nach dem Begriff bestimmt; was durch die Not sich mit dem Haupte verbindet, verbindet sich bei aller Persönlichkeit der Verbindung als Dienstbote nur als absolute Person durch Kontrakt, und auf bestimmte Zeit; denn weil jedes absolute Person ist, so soll es zu seiner lebendigen Totalität, ein Hausvater zu werden, gelangen können; – eben dies ist das Verhältnis, wenn die Verbindung weniger persönlich, nur für bestimmte Dienste und Arbeiten ist.

c) Der Stand der rohen Sittlichkeit ist der Bauernstand. Die Gestalt der Potenzen für denselben ist, daß er zwar in Beziehung auf das physische Bedürfnis ebenfalls im System der allgemeinen Abhängigkeit, aber patriarchalischer, seine Arbeit und Erwerb eine größere und umfassendere Totalität ist.

Der Charakter der Arbeit selbst ist ebenso nicht ganz verständig, noch unmittelbar die Zubereitung des Dings für das Bedürfnis betreffend, sondern mittelbarer, und geht die Erde oder das Tier, etwas Lebendiges an, dessen Potenz die Arbeit sich bemächtigt, und so das Lebendige bestimmt, das aber für sich selbst sich produziert. |

Seine Sittlichkeit ist das Zutrauen zu dem absoluten Stande, nach der Totalität des ersten Standes, welche jenes Verhältnis und Einwirkung haben muß; denn seine rohe Sittlichkeit kann nur im Zutrauen, oder gezwungen, für Vereinzelung des Tuns offen sein. Er ist um seiner Totalität willen auch der Tapferkeit fähig, und vermag in dieser Arbeit und in der Gefahr des Todes sich an den ersten Stand anzuschließen.

II. REGIERUNG

In der vorhergehenden Potenz wurde das System der Sittlichkeit in seiner Ruhe dargestellt; das Organische für sich, so wie das Unorganische sich in sich selbst aufnehmend, und in seiner Realität ein System bildend; aber diese betrachtet, wie das Organische different gegen das Unorganische ist, sie erkennt die Differenz des Allgemeinen und Besondern, und wie über ihr das absolut Allgemeine ist und sie ewig aufhebt und produziert; oder das Absolute subsumiert unter den absoluten Begriff, die absolute Bewegung, oder der Prozeß des sittlichen Lebens; diese in die Entfaltung aller Potenzen sich erstreckende und diese Entfaltung eigentlich erst setzende und hervorbringende Bewegung muß in diesen dargestellt werden; und da das Wesen dieser Potenz die Differenz des Allgemeinen und Besondern ist, aber zugleich die Aufhebung derselben, und diese organische Bewegung Realität haben muß, die Realität aber des Allgemeinen darin besteht, daß es als eine Menge von Individuen besteht, so ist dieser Gegensatz so zu erkennen wie das Allgemeine real, oder in Händen von Individuen ist, daß diese in Wahrheit im allgemeinen und indifferentiiert sind, und in der Trennung eine solche Bewegung nehmen, daß durch sie die Besonderung unter das Allgemeine subsumiert und ihm schlechthin gleich wird. Der Macht nach ist das Allgemeine in seiner Realität dem Besondern überlegen, denn in welcher Potenz es sei, so ist das Regierende formell, das absolut Allgemeine, die Macht des Ganzen ist daran gehängt; aber die Regierung muß zugleich das positive absolut Allgemeine sein, dadurch ist sie absolute Potenz; und die Frage ist allenthalben in der Differenz, daß die Regierung wahrhaft Potenz gegen das Be|sondere sei, daß die Individuen notwendig im Allgemeinen und Sittlichen seien. Diese formelle Bestimmung des Begriffs einer Konstitution, die Realität des Allgemeinen, insofern es im Gegensatz gegen ein Besonderes ist, und also als Potenz und Ursache auftritt, muß zugleich als Totalität, in dem Auseinandertreten der Potenzen erkannt werden, und dieses System – bestimmt nach der Notwendigkeit, in der sie sich trennen, und wie in der Trennung zugleich für jede dieser Bestimmtheiten die Potenz der Regierung gebildet ist – ist die wahre Konstitution. Eine wahrhafte sittliche Totalität muß in diese Trennung gegangen sein, und der Begriff der Regierung sich als Weisheit der Verfassung darstellen; so daß die Form und das Bewußtsein ebenso reell ist, als das Absolute in der Form von Identität und Natur ist; die Totalität ist nur als die Einheit des Wesens und der Form, deren keines fehlen kann. Die Rohheit in Beziehung auf [eine] Verfassung, in der nichts geschieden, sondern gegen jede Einzelnheit der Bestimmung unmittelbar das Ganze als solches sich bewegt, ist Formlosigkeit, und Aufhebung der Freiheit; denn diese ist in der Form, und darin, daß der einzelne Teil, ein untergeordnetes System des ganzen Organismus für sich in seiner Bestimmtheit selbsttätig ist.

Diese Regierung teilt sich darum unmittelbar in die absolute Regierung und in die der einzelnen Potenzen.

a)[1]

Die absolute Regierung scheint unmittelbar der erste Stand zu sein, weil dieser die absolute Potenz für die übrigen ist, die Realität der absoluten Sittlichkeit und der reale angeschaute Geist der andern, die andern aber im besondern sind. Allein er selbst ist Stand gegen Stand, und es muß etwas Höheres sein als er selbst, und seine Differenz gegen den andern. Als absolute allgemeine Realität ist er allerdings die absolute Regierung; aber die organische Natur geht auf Vernichtung und Insichnehmen der unorganischen, und diese erhält sich durch sich selbst, durch den innern Geist, der die organische Natur, und ihren Widerschein als eine unorganische setzt; diese besteht im Begriff, als ein absolut Allgemeines, und die Vernichtung und das Potenziren derselben durch die organische geht nothwendig auf | Besonderes derselben; sie ist an sich das Besondere, allein in den Begriff und die Unendlichkeit aufgenommen, und dies heißt ihr Bestehen. Ebenso ist der absolute Stand die sittliche organische Natur gegen die unorganische, und zehrt sie in der Besonderheit auf, so daß dieser jenem die Bedürfnisse des Lebens, die Arbeit verschaffen muß, daß jener sich in Anschauung gegen diesen Gegensatz individualisiert, und dadurch, daß er Stand ist, die Differenz des zweiten und die Rohheit des dritten in seinem Bewußtsein hat, sich davon getrennt setzt, und das Gefühl seiner hohen Individualität oder den Stolz erhält, der als Bewußtsein des Edlen im Innern das Bewußtsein des Unedlen, und das Tun des Unedlen, was eben dasselbe ist, abhält. Diese geistige, sowie jene physische Individualisierung setzt ein Verhältnis der organischen zur unorganischen Natur, und die bewußtlose Beschrän-

[1] *Original:* A.

kung dieser Bewegung und der Vernichtung der letztern, muß im Sittlichen bewußt gesetzt werden, als herausgeboren und [als] erscheinende Mitte auftreten, nicht sich selbst überlassen bleiben, oder nicht die Form von Natur behalten, sondern genau die Grenze der zu vernichtenden Besonderheit erkannt werden. Eine solche Erkenntnis aber ist das Gesetz.

Die Bewegung des ersten gegen die andern Stände in den Begriff aufgenommen, dadurch, daß beide Realität haben, beide begrenzt [sind] und die empirische Freiheit des einen sowie des andern, vernichtet [ist]; – diese absolute Erhaltung aller Stände muß die höchste Regierung sein, und ihrem Begriff nach kann sie eigentlich keinem Stande zukommen, da sie die Indifferenz aller ist. Sie muß also aus denjenigen bestehen, welche das reale Sein in einem Stande gleichsam aufgegeben haben und schlechthin im idealen leben, die Alten und die Priester, welche beide eigentlich Eines sind. Aus dem Alter verschwindet das sich Konstituieren der Individualität, von dem Leben hat es die Seite der Gestalt und der Realität verloren, und auf der Schwelle des Todes, der das Individuum absolut ins Allgemeine aufnehmen wird, ist es schon halb gestorben; durch den Verlust des Reellen der Individualität, des Besondern aber ist es allein fähig, außerhalb seines Standes, welcher die Gestalt und Besonderheit seiner Individualität ist, über allen in der Indifferenz | zu sein, und das Ganze in und durch alle seine Teile zu erhalten. An das höchste Indifferente, an Gott und die Natur, an die Priester und an die Alten kann allein die Erhaltung des Ganzen geknüpft werden; denn jede andere Form der Realität ist in der Differenz; die Indifferenz aber, welche die Natur am Alter, und Gott an seinen ihm allein geweihten Priestern produziert, scheint [die][1] außer der Sittlichkeit liegende zu sein, und die Sittlichkeit außer ihrem Gebiet zur Natur, zum Bewußtlosen fliehen zu müssen. Aber dies muß deswegen sein, weil hier von der Realität die Rede ist, und die Realität der Natur und der Notwendigkeit angehört; dem Sittlichen gehört es an, die Natur zu erkennen, und mit derjenigen Potenz derselben, welche für sich formal die Bestimmtheit einer sittlichen Potenz ausdrückt, diese zu verbinden. Die Natur verhält sich hier als Werkzeug, sie ist das Vermittelnde der

[1] *Original*: jene die.

bestimmten Idee des Sittlichen, und ihrer äußern Erscheinung; sie muß als Werkzeug formal jener gemäß sein, zwar für sich ohne sittlichen Inhalt, aber nach der formellen Potenz und Bestimmtheit übereinstimmend mit der Idee; oder ihr Inhalt ist selbst nichts anders als genau die Möglichkeit, das Negative der sittlichen Bestimmtheit. Diese, ideell gesetzt, bedarf eines Werkzeuges, oder ihre subjektive Realität, ihr unmittelbarer, in ihre Einheit aufgenommener, an ihr indifferentiierter Leib, erscheint für sich betrachtet als ihr Werkzeug; und für die Idee, ideell gesetzt, entgegen der Realität, erscheint dieser ihr Leib, als ein Zufälliges für sie, als ein sich Findendes, Passendes und Übereinstimmendes; in der Natur bildet sich die Seele unmittelbar ihren Leib, und keines ist ohne das andere zu setzen und zu begreifen; es ist ursprünglich bewußtlos ohne Trennung eins. Aber im Sittlichen ist die Trennung der Seele von dem Leibe das Erste, und die Identität eine Totalität oder eine rekonstruierte; der Leib ist also für das Ideelle als ein Vorhandenes, Formales, an sich Negatives zu suchen und mit ihm zu verbinden, und hierin besteht das Wesen der Konstruktion der Regierung, daß für die Bestimmtheit der Seele oder die sittliche Bestimmtheit, deren Realität zu erkennen ist, dasjenige aufgefunden werde, was außer der Differenz ist, in der Rücksicht, als es die sittliche Bestimmtheit ist, zugleich aber, daß dies Werkzeug nicht allgemeines, für vieles andere adäquates, sondern nur gerade für diese Bestimmtheit sei; denn teils würde das Werkzeug | hiedurch gegen seine Natur beschränkt, teils würde es für dasjenige, gegen welches es beschränkend ist, Potenz überhaupt, Übermacht sein, nicht dem Wesen und Geiste nach eins mit ihm; es muß mit diesem die ganze Gestalt gemeinschaftlich haben, in Beziehung auf die Besonderheit eins mit ihm [sein], oder wie das ausgedrückt wird, dasselbe Interesse mit ihm haben, nur daß der Gegensatz des Regierenden gegen den Regierten die äußere Form des Indifferenten gegen das Differente, des Allgemeinen gegen das Besondere ist.

So ist das Alter der Leib der absoluten Indifferenz gegen alle Stände, es entbehrt der Individualität, welche die Gestalt jedes Einzelnen ist; und obzwar das Priestertum als die der Natur nicht überlassene, sondern ihr abgerungene und mit Selbsttätigkeit das Individuelle vernichtende Indifferenz ist, so ist teils zu bemerken, daß die Alten des ersten Standes, als diesem angehörig ein göttliches Leben geführt haben; teils daß der Alte des ersten Standes selbst ein Priester sein muß, und im Übergang aus dem männlichen ins höhere Alter als Priester leben, und sich so ein absolutes, wahrhaftes Alter hervorbringen muß; teils daß der wahrhafte Priester auch des äußern Alters als seines Leibes bedarf, daß seine Vollendung nicht der Natur zuwider in ein früheres Alter gesetzt werden kann, sondern das höchste erwarten muß.

In dieser höchsten Regierung ist schlechthin die Bewahrung [des] absoluten Verhältnisses des Ganzen niedergelegt; sie ist die absolute Ruhe in der unendlichen Bewegung desselben, und in Beziehung auf dieselbe; die Weisheit dieser Regierung geht auf die Lebendigkeit aller Teile, und diese Lebendigkeit ist die des Ganzen, und nur durch dies. Die Lebendigkeit des Ganzen aber ist nicht eine Abstraktion der Lebenskraft, sondern die absolute Identität in der Differenz, die absolute Idee; diese aber ist in ihrem absoluten, höchsten Auseinandertreten, nichts anders als das in der ersten Potenz konstruierte Verhältnis der Stände; es ist das Absolute als Allgemeines, ohne alle Bestimmtheit, die in den besondern Potenzen vorkömmt; diese indifferente Idee der höchsten Regierung geht keine Form der Besonderheit und Bestimmtheit an, welche in der Verzweigung des Ganzen in seine untergeordneten Systeme sich darstellt; sie hat nicht diese Idee in denselben zu wiederholen; denn sie würde sonst eine formelle Potenz für diese sein; sondern, nachdem dieser | Unterschied der Stände festgesetzt ist, geht sie darauf, ihn zu erhalten; sie ist also insofern negativ nach ihrem Tun, denn das Erhalten eines Lebendigen ist negativ; sie ist Regierung, also entgegengesetzt dem Besondern; die absolute positive Seele des Lebendigen ist im Ganzen des Volkes selbst; insofern sie Regierung ist, ist sie in der Entgegensetzung, und Erscheinung; sie kann also als solche nur negativ sein. Aber diese absolute Negation alles dessen, was dem absoluten Verhältnis der absoluten Idee widerstreiten könnte und den Unterschied der Stände vermischte, muß die oberste Aufsicht über die Art haben, mit welcher irgend eine Potenz sich bestimmt; es ist schlechthin keine Anordnung einer derselben ihr entnommen, weder insofern sie sich festsetzt, noch insofern sie sich, wo sie durch die Bewegung einer höhern Potenz beschränkt [wird], entweder überhaupt, so daß sie noch bestehen bliebe, oder daß sie für eine Zeit ganz aufgehoben würde, behaupten will. Was auf eine Störung des Verhältnisses, oder auf die Hinderung der freiern Bewegung einer höhern Potenz Einfluß haben könnte, ist im absoluten Sinne organisch; und von der Kompetenz der höchsten Regierung. Ihr negatives Geschäfte ist aber in der Erscheinung nicht so zu begreifen, daß sie bloß beaufsichtend und negativ im Verbieten, durch ein Veto sich verhalte, sondern ihr Negatives ist ihr Wesen, aber es ist eine Tätigkeit einer Regierung, und ihr Verhältnis zum Besondern, oder ihre Erscheinung ist eine positive, eben insofern sie gegen das Besondere hervortritt; sie ist also gesetzgebend, anordnend, wo sich ein Verhältnis entwickelt, das sich für sich organisieren wollte, oder wo eine vorhin unbedeutende Seite nach und nach in ihrer bisherigen Unbeschränktheit sich entwickelt und mächtig zu werden anfängt. Vornehmlich hat sie in allen Fällen zu entscheiden, [in denen] verschiedene Rechte von Systemen in Kollision kommen und die Gegenwart sie in ihrem positiven Bestehen unmöglich macht.

Ein formaler Gedanke der absoluten Regierung ist in allen Systemen der Theorie, so wie der Wirklichkeit anzutreffen, nämlich eine organische Zentralgewalt, und zwar eine die Konstitution bewahrende; aber α) ist ein solcher Gedanke wie das Fichtesche Ephorat[1] in seiner negativen Haltung ganz formell, und leer, β) und dann ist alle mögliche Aufsicht über das Regieren in allem Einzelnen ihr zugeschrieben, also eine rohe Vermischung des Allgemeinen und des Einzelnen in ihr; sie soll eine Macht sein über alles, also gebietend, übermächtig wirken; und zugleich als Macht | doch ein Nichts sein; γ) die absolute Regie-

[1] *Vgl.* Johann Gottlieb Fichte: Grundlage des Naturrechts nach Principien der Wissenschaftslehre. *Jena und Leipzig 1796, 192f.*: Es ist sonach ein Fundamentalgesez jeder vernunft- und rechtmäßigen Staatsverfassung, daß die exekutive Gewalt, welche die nicht zu trennende richterliche, und ausübende im engern Sinne, unter sich begreift, und das Recht der Aufsicht, und Beurtheilung, wie dieselbe verwaltet werde, welches ich das Ephorat, im weitesten Sinne des Worts, nennen will, getrennt seyen; *[...]. Vgl.* Fichte: Gesamtausgabe. *Bd. 3, 440.*

rung ist allein dadurch nicht formell, daß sie den Unterschied der Stände voraussetzt und also wahrhaft die oberste ist; setzt sie ihn nicht voraus, so fällt die ganze Macht der Realität in einen Klumpen, er möchte sonst in sich sich noch so verzweigen, und die Rohheit dieses Klumpens würde ihre ebenso rohe und weisheitslose Macht ungeteilt in ihrer Spitze haben; es [kann] kein wahrhafter objektiver Unterschied in ihm sein, und das, was über seinen Unterschieden schweben sollte, [wäre] ein reines Nichts; denn die absolute Regierung, daß sie die absolute Idee sei, setzt absolut die unendliche Bewegung, oder den absoluten Begriff; in diesem müssen die Unterschiede sein, und sie müssen also, weil sie im Begriff, allgemeine Unendliche sind, Systeme sein; und so ist allein eine absolute Regierung, und die absolute lebendige Identität, aber herausgeboren in die Erscheinung und Realität, möglich.

Dies ist die äußere Form ihrer absoluten Macht, daß sie keinem Stande angehört, ungeachtet sie aus dem ersten hervorgegangen ist; aus diesem muß sie hervorgehen; denn in der Realität ist die rohe weisheits- und differenzlose lebendige Identität das Dritte, der dritte Stand; aber der zweite derjenige, in dem die Differenz fixiert ist, welcher aber die Einheit als formelle Allgemeinheit mit sich vereinigt, aber über ihm schwebend hat; der erste aber ist die klare, spiegelreine Identität, der Geist der übrigen; aber dadurch, daß er im Gegensatze fixiert ist, ist er die unendliche Seite, die andern aber die endliche; aber das Unendliche ist dem Absoluten näher als das Endliche, und, wenn man so sprechen darf, von unten heraufgehend, so schwingt es sich aus der Unendlichkeit, welche seine formelle, negative Seite ist, unmittelbar hervor und empor. Diese Regierung ist absolute Potenz für alle Stände, daß sie über ihnen ist; ihre Macht, das, wodurch sie Potenz ist, ist kein Äußeres, wodurch sie als Besonderes selbst gegen Besonderes wäre, eine Armee oder was es sonst wäre, zu Vollstreckern ihrer Anordnungen hätte, sondern sie ist ganz dem Gegensatze entnommen, nichts, gegen das sich etwas als Besonderes setzen und damit sie selbst zu einem Besondern machen könnte, sondern ist absolut nur Allgemeinheit gegen Besonderes; und als dies Absolute, Ideelle, Allgemeine, wogegen alles andere ein Besonderes, ist sie die Erscheinung Gottes, ihre Worte sind seine Aussprüche, und sie kann unter keiner andern

Form erscheinen und sein; sie ist das unmittelbare Priestertum des Allerhöchsten, in dessen Heiligtum sie mit ihm | Rat pflegt, und seine Offenbarungen erhält; alles Menschliche und alle andere Sanktion hört hier auf.

Es ist weder die Erklärung, daß eine solche Gewalt unverletzlich sein soll, noch die Wahl des ganzen Volkes zu seinem Repräsentanten, was ihr ihre Heiligkeit geben kann, sondern solches Sanktionieren nimmt sie ihr vielmehr; die Wahl und die Erklärung ist Tat, kommt aus der Freiheit und dem Willen, und kann also ebenso gut wieder umgeworfen werden; die Kraft gehörte dem empirischen bewußten Willen und der Einsicht, und jede solche Einzelnheit und Tat des Wählens ist in der Zeit, empirisch, zufällig und darf und muß dürfen zurückgenommen werden können. Ein Volk ist nicht an sein Wort, an seine Tat, all seinen Willen gebunden; denn dies alles ist aus seinem Bewußtsein und aus der Einzelnheit; sondern die absolute Regierung ist göttlich, in sich sanktioniert, und nicht gemacht, sondern schlechthin das Allgemeine; jedes Machen an ihr aber käme aus der Freiheit und dem Willen.

b)[1] Allgemeine Regierung

Die absolute Regierung ist die ruhende Substanz der allgemeinen Bewegung, die allgemeine aber ihre Ursache, oder das Allgemeine, insofern es dem Besondern in der Form eines Besondern entgegengesetzt, seinem Wesen nach aber zugleich das Allgemeine und um seiner Form willen bestimmend für das Besondere ist.

Weil nun die allgemeine Regierung sich auf die Bewegung bezieht, diese aber in der Individualität, Gestalt, dem Verhältnisse ist, so ist ihr Gegenstand und Inhalt ein allgemeiner Zustand; denn das absolute Bleibende ist das Wesen der absoluten Regierung; der allgemeinen kann nur ein formell Allgemeines zukommen, ein allgemeines Akzidens; eine Bestimmtheit des Volkes für diese Zeit; denn diese Bestimmtheit muß selbst nicht Abstraktion sein, etwas das in seiner Realität ganz der Besonderheit angehört und keine Affektion und Besonderheit des Allgemeinen

[1] *Original*: B.

ist, wie z. B. daß jeder lebt, bekleidet ist u.s.w.; solche Bestimmtheiten sind nur Abstraktionen als allgemeine, und Bedürfnisse des Einzelnen; aber was daran als Allgemeines, eine Potenz ist, und das Ganze unter sich subsumiert und zu einer | Potenz macht, ist Gegenstand der Allgemeinen Regierung; sie sorgt für das Bedürfnis, welches ein allgemeines ist, und für dasselbe im allgemeinen.

Die Bewegung des Ganzen ist eine beständige Trennung des Allgemeinen und Besondern und eine Subsumtion des letztern unter das erste; dieses Besondere aber ist die bestehende Trennung, und an ihm selbst deswegen die Momente des Absoluten, oder die Form als außer und nebeneinander abgedrückt, und ebenso mannigfaltig bestimmt ist die Bewegung.

Das Besondere, gegen das sich das Allgemeine bewegt, in der Potenz der nach aussen gekehrten Differenz und verborgenen Identität, bestimmt die Bewegung als auf Vernichtung gehend; denn das, was schlechthin als Besonderes gesetzt ist, und die Identität nicht herausgebähren kann, also nicht absoluter Begriff, Intelligenz ist, kann nur durch Vernichtung eins mit dem Allgemeinen werden.

Das Besondere aber selbst, als absoluter Begriff, und als organische Totalität, als Volk, ist ein Besonderes, und hiemit beide gegeneinander, insofern sie sich als ideell negiert setzen, die Seite der Negation des absoluten Begriffs, und nicht ideell als bestehend, sich nicht anerkennen. Das Volk, das sich nicht anerkannt findet, muß dieses Anerkanntwerden produzieren, durch Krieg, oder Kolonien.

Aber die sich konstituierende Individualität ist in der zweiten Potenz nicht selbst Potenz, welche ihr Unorganisches, den absoluten Begriff, der ihr gegenübersteht, in sich aufnimmt und mit sich reell absolut eins macht; es ist durch den Krieg nur ein Anerkennen; ein ideelles Gleichsetzen; ein wahres Lebendiges.

Da die Regierung ein Subsumieren des Besondern unter das Allgemeine ist, so können in diesem Begriffe die Momente der dem Besondern entgegengesetzten Allgemeinheit, alsdenn die Subsumtion unterschieden werden, und diese Subsumtion ist wieder eine gedoppelte, nämlich die ideelle und die reelle; jene, in welcher es die formale Allgemeinheit ist, unter welche das Besondere gesetzt wird, diese die wahr | hafte, mit welcher es als eins gesetzt ist. Es sind die Momente, welche als die verschiedenen Staatsgewalten begriffen worden sind: das Setzen des Allgemeinen als gesetzgebende Gewalt; das ideelle Subsumieren als richterliche überhaupt (Gerechtigkeit); das reelle als ausübende. (Kant hat die reelle Subsumtion oder den Schlußsatz des Schlusses, als gerichtliche; die ideelle aber oder den Untersatz als reelles Subsumieren begriffen, als ausübende Gewalt.)[1]

Jede reale oder lebendige Bewegung ist eine Identität dieser drei Momente, und in jedem Akt der Regierung sind alle drei vereinigt; es sind Abstraktionen, denen keine eigene Realität gegeben, oder die nicht als Gewalten konstituiert und organisiert werden können; Gesetzgeben, Urteilen und Ausführen sind etwas völlig Formelles, Leeres, Inhaltsloses. Ein Inhalt macht sie reell, aber durch diese Verbindung der Form und des Inhalts würde jede unmittelbar eine Identität des Allgemeinen und Besondern, oder als Bewegung ein Subsumieren des Besondern unter das Allgemeine, also vereinigte sie alle drei Momente in sich. Es können aber diese Abstraktionen allerdings Realität erhalten, jede für sich mit Individuen, die sich auf sie beschränken, verknüpft werden; aber alsdenn ist die wahrhafte Realität derselben in demjenigen, welches sie drei vereinigt, oder da der Schlußsatz die ausübende Gewalt diese Vereinigung ist, so ist eigentlich diese immer die Regierung, und ob die andern nicht bloße Abstraktionen, leere Tätigkeiten sind, hängt von der ausübenden Gewalt ab, und diese ist absolut die Regierung; und nach jenen gemachten Unterschieden und konstituierten gewaltlosen Gewalten kehrt die erste Aufgabe wieder zurück, nicht die ausübende Gewalt als solche, sondern sie als Regierung zu erkennen.

Die Bewegung des Volks ist darum Regierung, weil Bewegung

[1] *Vgl.* Immanuel Kant: Metaphysische Anfangsgründe der Rechtslehre. *Königsberg 1797, 165. Im Rahmen der Lehre von der Organisation des Staates und der Gewaltenteilung führt Kant in § 45 aus*: Ein jeder Staat enthält drey Gewalten in sich, [...] gleich drey Sätzen in einem practischen Vernunftschluß: dem Obersatz, der das Gesetz jenes Willens, dem Untersatz, der das Gebot des Verfahrens nach dem Gesetz, d. i. das Princip der Subsumtion unter denselben, und dem Schlußsatz, der den Rechtsspruch (die Sentenz) enthält, was im vorkommenden Falle Rechtens ist. *Vgl.* Kant: Werke. *Bd. 6, 313.*

als solche etwas Formelles ist, indem in ihr nicht an und für sich bestimmt ist, welches von den in der Bewegung im Verhältnis stehenden die Potenz und welches das Besondere sei, und daß das Verhältnis der Bewegung [zu] haben zufällig scheint, in der Bewegung des Volks hingegen das Allgemeine und Besondere schlechthin aneinander gebunden und das absolut Allgemeine als solches schlechthin bestimmt ist, und damit auch das Besondere.

Die organische Bewegung muß erkannt werden, insofern die Anschauung den | Begriff, und insofern der Begriff die Anschauung subsumiert. Aber weil das sich Bewegende wesentlich organisch ist, so [ist] diese Unterscheidung durchaus formal; die Anschauung, welche den Begriff subsumiert, ist selbst absoluter Begriff; der Begriff, der die Anschauung [subsumiert], ist selbst absolute Anschauung. Die Erscheinung dieser Form dieses Gegensatzes ist außer dem Organischen selbst, er ist in der Reflexion über die Bewegung. Für das Organische selbst ist er so gesetzt, daß es, insofern der Begriff als das Subsumierende erscheint, als Individuum, als für sich ein Einzelwesen, gegen andere Völkerindividuen als Einzelwesen gesetzt ist; insofern die Anschauung das Subsumierende ist, also reell wahrhaft subsumiert wird, das an sich Allgemeine das Bestimmende des Besondern ist, dieses in sich vernichtet, insofern ist das Volk, die Totalität gegen ihr eigenes, inneres Besonderes gerichtet; ihr eigen ist dies Besondere, weil hier das Allgemeine als das Ansich gesetzt ist.

Diese Trennung ist, wie gesagt, eine formelle; die Bewegung selbst ist nichts als ein Wechsel dieser beiden Subsumtionen; von der Subsumtion unter den Begriff, worin die Entgegengesetzten Einzelne sind, erhebt sich die Indifferenz, und ideell schaut sie das Einzelne, hiemit außer dem Organischen Gesetzte als ihr Eigenes, aber selbst noch in der Form der Besonderheit an, bis sie es auch reell als sich selbst anschaut, oder die absolute Identität sich reconstruiert.

Das Subsumiertsein unter den Begriff wäre die Abstraktion des Verhältnisses zu fremden Völkern als Individuen gegeneinander; aber der organische Prozeß ist unmittelbar ein ideelles Aufheben dieser Differenz; oder die Bestimmtheit wird unmittelbar die eigene des Volks, eine Differenz in ihm selbst, und die lebendige Bewegung hebt sie absolut auf; es kann also kein absoluter Einteilungsgrund [sein], die innere Regierung, und die nach aussen; keines ist ein im Allgemeinen begriffenes, untergeordnetes, aber zugleich für sich seiendes organisches System; sondern die Momente der absoluten Anschauung müssen, daß sie als organisch erkannt werden, selbst Systeme sein, in welchen jene Formen von außen und innen untergeordnet sind; jene Momente müssen, daß sie Systeme seien, die Differenz ganz von außen, in der Reflexion haben, an sich aber die absolute Identität in sich selbst, nicht so, daß diese als solche, sondern nur als Form über ihnen schwebte. |

Das erste System der Bewegung in der Totalität ist also dieses, daß die absolute Identität als Gefühl ganz in ihm verborgen sei.

Das zweite das Auseinandertreten des Allgemeinen und Besondern, und also in der Bewegung ein gedoppeltes, entweder daß das Besondere bleibt, was es ist, und das Allgemeine also nur formal ist, – oder daß das Allgemeine absolut ist und das Besondere vollkommen in sich aufnimmt; jenes erste ist Gerechtigkeit und Krieg, das zweite Erziehung, Bildung, Eroberung und Kolonisierung.

A.

Das System des Bedürfnisses ist oben formell als System der allgemein gegenseitigen physischen Abhängigkeit von einander begriffen worden; keiner ist für die Totalität seines Bedürfnisses für sich selbst [in der Lage], seine Arbeit, oder welche Weise des Vermögens der Befriedigung seines Bedürfnisses, sichert ihm nicht diese Befriedigung; es ist eine fremde Macht, über welche er nichts vermag, von welcher es abhängt, ob der Überfluß, den er besitzt, für ihn eine Totalität der Befriedigung ist; der Wert desselben, d. h. dasjenige, was die Beziehung des Überflusses auf das Bedürfnis ausdrückt, ist unabhängig von ihm, und wandelbar. Dieser Wert selbst hängt vom Ganzen der Bedürfnisse und vom Ganzen des Überflusses ab; und dieses Ganze ist eine wenig erkennbare, unsichtbare, unberechenbare Macht, darum, weil sie in Beziehung auf die Quantität eine Summe unendlich vieler Einzelnheit[en] ist, und in Beziehung auf die Qualität aus unendlich vielen Qualitäten zusammengesetzt ist. Diese Wechselwirkung des Einzelnen auf das Ganze, was aus dem Einzelnen besteht, und des Ganzen wieder als Ideelles auf das Einzelne als den Wert bestimmend, ist ein beständig auf und niedersteigendes Wogen, in welchem die Einzelnheit, bestimmt durch das Ganze als einen hohen Wert habend, seine Masse anhäuft, und dadurch im Ganzen ein Überfluß ins Ganze des Bedürfnisses aufgenommen wird; durch diese Bestimmtheit erscheint die Indifferenz des Ganzen, angesehen als eine Menge von den übrigen Qualitäten, als ein Verhältnis derselben, | und dieses hat sich geändert; diese übrigen sind notwendig in Beziehung zu jener überflüssigen, und diese, die vorher in höherem Werte war, sinkt herab. Hiedurch, daß jede einzelne Art des Überflusses im Ganzen indifferentiiert und durch diese Aufnahme ins Ganze, am Ganzen des allgemeinen Bedürfnisses gemessen, seine Stelle und Wert ihm angewiesen wird, ist es der Einzelne so wenig, welcher den Wert sowohl seines Überflusses als seines Bedürfnisses bestimmt, und ihn außer dem Verhältnisse zu allem übrigen unabhängig halten kann, als etwas Beständiges und Sicheres darin ist.

In diesem System erscheint also das Regierende als das bewußtlose blinde Ganze der Bedürfnisse und der Arten ihrer Befriedigungen. Aber dieses bewußtlosen, blinden Schicksals muß sich das Allgemeine bemächtigen und eine Regierung werden können. Dieses Ganze liegt nicht außer der Möglichkeit des Erkennens in den großen, in Masse betrachteten Verhältnissen; die Möglichkeit des Erkennens ist, weil der Wert, das Allgemeine ganz atomistisch zusammengerechnet werden muß, in Beziehung auf die einzelnen Arten, welche sich so komponieren, nur des Grades fähig. Aber aus dem Werte der Art selbst ist zu erkennen, wie der Überfluß im Verhältnis zum Bedürfnis steht, und dieses Verhältnis oder der Wert hat seine Bedeutung sowohl nach der Seite hin, ob das Produzieren eines solchen Überflusses die Möglichkeit der Totalität der Bedürfnisse ist, ob ein Mensch sich davon ernähren kann; als auch nach der Seite der Allgemeinheit, ob dieser Wert einer Art des Bedürfnisses nicht unverhältnismäßig zu der Totalität selbst ist, für die er Bedürfnis ist. Beides muß aus der Anschauung aus dem Ganzen desjenigen bestimmt werden, was ein Mensch notwendig braucht, und dieses ist teils [aus] der rohen Natur, nach den verschiedenen Klimaten, teils [aus] der gebildeten, was im Durchschnitte in einem

Volke für die Existenz für notwendig erachtet wird, zu erkennen. Es geschieht von selbst durch die Natur, daß sich das richtige Gleichgewicht teils unter unbedeutendem Schwanken erhält, teils wenn es durch aüßere Umstände stärker gestört ist, durch größeres Schwanken sich wiederherstellt. Aber eben in dem letzten Falle muß die Regierung der Natur, welche eine solche Bewegung des Überwiegens hervorbringt durch empirische Zufälligkeiten (schneller – wie unfruchtbare Jahre, oder langsamer wirkende, – wie Emporkommen derselben Arbeit | in andern Gegenden, und Wohlfeilheit, die in andern das gleichmäßige Verhältnis des Überflusses zum Ganzen aufhebt), entgegenarbeiten, und da die Natur die ruhige Mitte aufgehoben hat, dieselbe und das Gleichgewicht behaupten. Denn das Sinken des Wertes einer Art von Überfluß, und die Unfähigkeit desselben, die Totalität des Bedürfnisses zu vertreten, da an diese Fähigkeit ein Teil des Volkes im Vertrauen auf das Allgemeine seine Existenz geknüpft hat, zerstört diese, und betrügt sein Zutrauen. Die Regierung ist das reelle, gewalthabende Ganze, welches indifferent gegen die Teile, nicht ein Abstraktum ist, und also wohl indifferent gegen die einzelne Art des Überflusses, an die ein Teil seine Realität bindet, aber nicht gegen die Existenz dieses Teils selbst ist. Die Abstraktion des Gleichgewichts ist wohl sicher, daß eine Art von Überfluß, die nicht mehr die Angemessenheit zur Totalität der Bedürfnisse hat, diese wieder erhalten, also daß erfolgen wird, daß einesteils sich nur so viele damit beschäftigen, als davon leben können, daß ihr Wert steigen wird, andernteils, daß, wenn ihrer zu wenig sind, für diejenigen, denen dieser Überfluß Bedürfnis ist, daß ihr Wert fallen wird; aber für die Realität, und die Regierung, hat [teils] der zu niedrige Wert, weil er einen Teil [betrifft], dessen physische Existenz vom Ganzen sich abhängig gemacht hat und itzt durch dies Ganze ganz ruiniert wird, teils der zu hohe Wert, durch welchen alle in ihrer Totalität des Genusses und des Gewöhnlichen gestört werden, ein Interesse, von dem die Abstraktion des Gleichgewichts absieht, die in dem Schwanken desselben außer ihm bleibt als die müßige Indifferenz der Betrachtung, die Regierung aber als die reale gewalthabende und die Differenz bestimmende.

Aber diese empirischen Schwankungen und formellen, nicht notwendigen Differenzen, gegen welche die Regierung gewalthabend indifferent ist, sind zufällig, nicht der notwendige in die Zerstörung des Gleichgewichts gehende Trieb der Differenz. Das organische Prinzip dieser Potenz ist die Einzelnheit, das Gefühl, Bedürfnis, und dies ist empirisch unendlich; insofern es für sich ist, und das bleiben soll, was es ist, setzt es sich grenzenlos, und da seine Natur Einzelnheit, empirisch unendlich. Zwar scheint der Genuß ein fest Bestimmtes und Beschränktes zu sein, aber seine Unendlichkeit ist seine Idealität, und in dieser ist er unendlich. Als | Genuß selbst idealisiert er sich zum reinsten, geläutertsten Genießen; das gebildete Genießen, indem es die Rohheit des Bedürfnisses verflüchtigt, muß das Edelste aufsuchen, oder bereiten, und je differenter seine Reize werden, desto größer wird die Arbeit, welche sie nötig machen; denn beides, die Differenz der Reize, und ihre Indifferenz, ihre Konzentration, soll sich, was die Realität der Natur trennt, zusammenvereinen; es soll das Gleichgültige, das das Naturprodukt, als für sich eine Totalität hat, aufgehoben [werden], und bloß seine Differenz zum Genusse bleiben.

Diese Idealität des Genusses stellt sich alsdenn auch als Anderssein, als Fremdartigkeit in der äußern Beziehung des Produkts dar, und knüpft sich an die Seltenheit, und sowohl diese fremdartige, als die bequemste, schon vorher durch die Art der Vorbereitung angeeignetste Art der Befriedigung setzt die ganze Erde in Unkosten.

Empirisch unendlich stellt sich die Idealität des Genusses endlich in dem objektivierten gehemmten Genusse, im Besitze dar, und in dieser Rücksicht hört ebenso alle Grenze auf.

Dieser Unendlichkeit gegenüber steht die Besonderheit des Genusses und des Besitzes, und da der mögliche Besitz, als welcher das Objektive der Potenz des Genusses ist, und die Arbeit ihre Grenze haben, ein bestimmtes Quantum sind, so muß mit der Anhäufung des Besitzes an einem Orte, derselbe an einem andern Orte abnehmen.

Diese Ungleichheit des Reichtums ist an und für sich notwendig; jede natürliche Ungleichheit vermag sich als solche auszudrücken, wenn das Natürliche nach dieser Seite sich hinwendet, und der Trieb nach Vergrößerung des Reichtums ist nichts anders als die Notwendigkeit, das bestimmte Einzelne, welches der Besitz ist, ins Unendliche aufzunehmen. Das Gewerbe aber, welches das allgemeinere, ideellere ist, ist dasjenige, welches als solches für sich größeren Gewinn gewährt.

Diese notwendige Ungleichheit, die sich innerhalb des Erwerbstands wieder in viele besondere Stände des Erwerbs, und diese in Stände von verschiedenem Reichtum und Genuß absondert, aber bringt durch ihre quantitative Beschaffenheit, welche sich auf Grade bezieht, und keiner andern als der Gradbestimmung fähig ist, ein Verhältnis der Herrschaft hervor; der einzelne ungeheuer Reiche wird eine | Macht, er hebt die Form der durchgehenden physischen Abhängigkeit, es von einem Allgemeinen, nicht von einem Besondern zu sein, auf. Alsdenn bringt der Hohe Reichtum [hervor], welcher gleicherweise mit der tiefsten Armut verbunden ist, – denn in der Trennung wird die Arbeit auf beiden Seiten, allgemein, objektiv; auf der einen Seite in der ideellen Allgemeinheit, auf der andern in der reellen mechanisch, und dies rein Quantitative, bis zum Begriff Vereinzelte, Unorganische der Arbeit, ist unmittelbar die höchste Rohheit. Der erste Charakter des Stands des Erwerbs, daß er einer organischen absoluten Anschauung, und der Achtung für ein obzwar außer ihm gesetztes Göttliches, fähig ist, fällt hinweg; und die Bestialität der Verachtung alles Hohen tritt ein; das Weisheitslose, rein Allgemeine, die Masse des Reichtums ist das Ansich; und das absolute Band des Volks, das Sittliche ist verschwunden, und das Volk aufgelöst.

Dieser Ungleichheit, und ihrer und der allgemeinen Zerstörung hat die Regierung aufs höchste entgegenzuarbeiten; unmittelbar vermag sie dies äußerlich durch Erschwerung des hohen Gewinns, und wenn sie einen Teil dieses Standes zur mechanischen und Fabrikarbeit aufopfert und ihn der Rohheit überläßt, so muß sie das Ganze schlechthin in der ihm möglichen Lebendigkeit erhalten. Dies aber geschieht am notwendigsten oder vielmehr unmittelbar durch die Konstitution des Standes in sich. Das Verhältnis der physischen Abhängigkeit ist die absolute Besonderung und Abhängigkeit von einem Gedachten, Abstrakten; die Konstitution setzt eine lebendige Abhängigkeit, und ein Verhältnis von Individualität zu Individualität, einen andern, einen innern tätigen Zusammenhang, welcher nicht der physischer Abhängigkeit ist. Dieser Stand ist in sich konstituiert, heißt, er ist innerhalb seiner Beschränkung ein lebendiges

Allgemeines; was sein Allgemeines, sein Gesetz und Recht ist, ist zugleich als seiend in den Individuen, reell in ihnen, durch ihren Willen und Selbsttätigkeit. Diese organische Existenz dieses Stands, macht jeden Einzelnen, soweit Lebendigkeit in ihm ist, eins mit den andern; aber der Stand kann nicht in der absoluten Einheit sein; also macht er zum Teil auch sie abhängig, aber sittlich, im Zutrauen, Achtung und dergleichen, und diese Sittlichkeit hebt das Elementarische, die reine Masse, Quantität auf, setzt ein lebendiges Verhältnis; und | der Reiche ist unmittelbar genötigt, das Herrschaftsverhältnis und selbst den Verdacht desselben, durch allgemeineres Teilnehmenlassen[1] an demselben [zu mindern], und die äußere Ungleichheit mindert sich sowohl äußerlich, als das Unendliche sich nicht auf die Bestimmtheit wirft, sondern als lebendige Tätigkeit existiert, und also der Trieb nach unendlichem Reichtum selbst ausgerottet ist.

Diese Konstitution gehört mehr zur Natur des Standes selbst und seinem organischen Wesen, nicht zur Regierung; zu dieser [gehören] die äußern Beschränkungen. Aber dieses ist das Besondere, die Sorge für das Bestehen der einzelnen Stände innerhalb dieser Sphäre, durch Widerstehen gegen das unendliche Schwanken im Wert der Dinge. Aber die Regierung als das Allgemeine hat selbst allgemeine Bedürfnisse; erstlich überhaupt, für den des Eigentums und des Erwerbs entnommenen ersten Stand, der in beständiger und absoluter allgemeiner Bedürftigkeit [lebt]; alsdenn für den formell allgemeinen Stand, nämlich für denjenigen, der in den andern Ständen Organ der Regierung, und bloß im Allgemeinen arbeitet; endlich für das Bedürfnis des Allgemeinen, des ganzen Volks als eines solchen, z. B. seine Wohnungen u.s.w., d. i. seine Tempel, Straßen u.s.w.

Die Regierung muß sich diese Bedürfnisse erwerben; ihre Arbeit aber kann keine andere sein, als daß sie die reifen Früchte ohne Arbeit unmittelbar in Besitz nimmt, oder selbst arbeitet und erwirbt. Das letztere, da es wider die Natur des Allgemeinen ist, im Besondern zu sein, wie hier die Regierung ein formell Allgemeines ist, kann nur ein Besitzen und ein Vermieten dieses Besitzes sein; damit nicht das unmittelbare Erwerben und Arbeiten

[1] *Daneben und weiter unten am Rande*: Atheniensisches Gesetz, der Bestreitung der Festlichkeiten durch den Reichsten des Quartiers.

an sie komme, sondern in der Form des Nutzens, des Resultats, des Allgemeinen. Das erstere aber, das in Besitznehmen der reifen Früchte [betreffend], so sind diese reifen Früchte die fertige Arbeit, und als Allgemeines, als Geld, oder als die allgemeinsten Bedürfnisse; sie sind selbst ein Besitz der Einzelnen, und das Aufheben dieses Besitzes muß die Form der formellen Allgemeinheit, oder der Gerechtigkeit haben. |

Das System der Auflagen gerät aber unmittelbar in den Widerspruch, daß es absolut gerecht [sein], jeder im Verhältnisse der Größe seines Besitzes beitragen soll; aber dieser Besitz ist nichts Liegendes, Festes, sondern im Erwerbfleiß ein lebendiges Unendliches, Unberechenbares; wird das Kapital nach den Einkünften angeschlagen und berechnet, so ist dies, formell betrachtet, möglich, aber die Einkünfte sind etwas ganz Besonderes, nicht wie liegende Güter etwas Objektives, Wiß- und Erkennbares; auf diese Weise ist also der einzelne Besitz nicht nach der Gerechtigkeit zu belasten weil er als einzelner Besitz selbst nicht die Form des Objektiven hat.

Aber das Objektive, [die] liegende[n] Güter, ist, obzwar auch hier die Besonderheit immer mitspielt, aufzulegen nach dem Wert, den sie nach ihrer Möglichkeit des Produzierens haben; aber weil zugleich der Besitz in der Form der Besonderheit vorhanden ist, als Geschicklichkeit, so ist unter jenem nicht alles befaßt, und wenn die Produkte der liegenden Güter ungeheuer belegt werden, so stellt sich der Wert des Produkts nicht ins Gleichgewicht, denn die Menge bleibt immer dieselbe, als wovon der Wert abhängt, und in dem Grade, daß die Produktion abnähme, nähmen auch die Einkünfte des Staats ab; um so vielmehr müßte sie in steigender Progression belegt werden, und in derselben verhielte sich umgekehrt die Einnahme. Die Geschicklichkeit ist also zugleich zu imponieren, aber nicht nach dem, was sie einnimmt, dies ist ein Besonderes, Eigentümliches; aber nach dem, was sie ausgibt; denn das was sie kauft, macht den Durchgang durch die Form der Allgemeinheit aus seiner Besonderheit, oder es wird Ware; und um desselben Umstandes willen, nämlich daß die Menge entweder dieselbe bleibt, alsdenn verändert dieser Artikel den Wert nicht, und diese arbeitende Klasse verarmt; oder, was alsdenn erfolgt, es wird weniger produziert, so werden der Einkünfte weniger, und auf welchen

Zweig sich die Auflage wirft, so ist dasselbe der Fall; also muß [sie] sich auf die vielmöglichste Besonderheit derselben erstrekken; obzwar hiedurch gleichfalls dasselbe erfolgt, daß weniger gebraucht wird, so ist dies gerade das äußere Mittel, daß das Erwerben sich beschränkt, und an den Auflagen hat die Regierung ein Mittel, [auf] dies Beschränken oder Ausdehnen einzelner Teile einzufließen. |

B.
Das zweite System der Regierung.
System der Gerechtigkeit

Im ersten ist die Entgegensetzung des Allgemeinen und Besondern formell; der Wert, das Allgemeine, und die Bedürfnisse, Besitze, das Besondere ist nicht das Wesen der Sache bestimmend, sondern außerhalb derselben, das Wesen bleibt ihre Beziehung auf ein Bedürfnis. Aber in diesem System des Auseinandertretens ist die ideelle Bestimmtheit das Wesen; die aufs Bedürfnis bezogene Sache als Eigentum ist bestimmt, daß es wesentlich als dies besondere Besessene ein Allgemeines sei, daß die Beziehung auf das Bedürfnis, und das Bedürfnis ist etwas ganz Einzelnes, ein Anerkanntes sei; die Sache ist mein, [nicht ihr Vernichtetsein],[1] sondern die relative Identität, in der ich mit ihr stehe, oder die Idealität des Vernichtetseins (der Besitz), diese Objektivität ist gesetzt als eine subjektive, als seiend in den Intelligenzen; hiedurch, als diese Identität ist es Anschauung, und nicht eine einzelne dieses Einzelnen, sondern absolute Anschauung; jene Beziehung hat objektive Realität; Ich ist ein Allgemeines, Befestigtes, es hat Sein; jene Beziehung ist bestimmt als eine allgemeine.

Die Mitte, die Realität dieser Beziehung ist die Regierung; daß eine Beziehung des Besitzes nicht etwas Ideelles, sondern zugleich reell ist, ist, daß alle Ich diese Beziehung setzen; daß das empirische Ich des Beziehens, als die ganze Menge der Ich existiert. Diese Menge nach der Abstraktion ihrer Quantität ist die öffentliche Gewalt, und diese öffentliche Gewalt als denkend, bewußt, die Regierung hier als Rechtspflege. Als Rechts-

[1] *Original*: ihr Nichtvernichtetsein.

pflege ist sie die Totalität aller Rechte, aber mit völliger Indifferenz für das Interesse der Beziehung der Sache auf das Bedürfnis dieses bestimmten Individuums; dieses Individuum ist für sie eine völlig indifferente allgemeine Person; es kommt bloß das Allgemeine, das Abstrakte der Art des Besitzes und Erwerbs bei der reinen Gerechtigkeit in Rücksicht. Aber die Gerechtigkeit muß selbst ein Lebendiges sein und die Person ansehen.

Das Recht in der Form des Bewußtseins ist das Gesetz, das sich auf die Einzeln|heit hier bezieht; aber diese Form ist gleichgültig, obzwar notwendig ist, daß das Recht in der Form des Bewußtseins als Gesetz vorhanden ist.

Das Recht geht auf die Einzelnheit und ist die Abstraktion der Allgemeinheit, denn die Einzelnheit soll in ihm bestehen; diese Einzelnheit ist entweder die lebendige des Individuums, oder eine relative Identität desselben; oder die Lebendigkeit des Individuums selbst als Einzelnheit, als relative Identität gesetzt.

So ist auch die Negation der Einzelnheit, welche eine durch die Einzelnheit – nicht durch das absolut Allgemeine – eine Negation des Besitzes [ist], rein als eines solchen; oder die Negation einer lebendigen Einzelnheit am Individuum; oder die der Ganzheit des lebendigen Individuums; das zweite Gewalttat; das dritte Mord.

Die absolute Regierung könnte den zweiten und dritten Stand, welcher im ersten im bürgerlichen Rechte ist, sich hierüber selbst überlassen, und ihn in seinem vergeblichen Bestreben, das absolut gesetzte Endliche des Besitzes ins Unendliche aufzunehmen, gewähren lassen; welches Bemühen sich darstellt, als Vollständigkeit der bürgerlichen Gesetze, als absolutes Bewußtsein über das richterliche Verfahren, so daß die Regel, in der Form der Regel vollkommen wäre, und der Richter reines Organ, die absolute Abstraktion der vorliegenden Einzelnheit allein, ohne Lebendigkeit und Anschauung des Ganzen würde.

Diese falsche Unendlichkeit muß durch das Organische der Konstitution beseitigt werden, als welches, als organisch, das Allgemeine absolut in das Besondere aufnimmt.

Das organische Prinzip ist die Freiheit, daß das Regierende selbst das Regierte sei; aber da hier die Regierung als Allgemeines der Kollision der Einzelnheit entgegengesetzt bleibt, so muß diese Identität erstlich so gesetzt werden, daß derselbe Stand, die

Ebenbürtigkeit, die Konstitution in einem engern Kreise zu einem Ganzen, Wohnung unter derselben Bürgerschaft, das lebendige Einssein konstituiert. Alsdenn nach der Wirklichkeit im einzelnen Rechtsprechen, da muß nicht die Abstraktion des Gesetzes das Absolute sein, sondern eine zur Zufriedenheit und mit Überzeugung und Beistimmung der Parteien nach Billigkeit, d.h. das Ganze derselben als Individuen ansehende Ausgleichung. |

Dieses Prinzip der Freiheit in seiner mechanischen Konstitution begreift sich als Organisation der Gerichtshöfe, und ist eine Analyse des Streits, und der Entscheidung desselben.

In der bürgerlichen Rechtspflege ist nur absolut die Bestimmtheit als solche in dem Streit negiert, und Bestimmtheit kann die lebendige Verrichtung, Arbeit, das Persönliche werden.[1] In der peinlichen, aber nicht die Bestimmtheit, sondern die Individualität, die Indifferenz des Ganzen, die Lebendigkeit, Persönlichkeit [betreffend].

Jene[2] Negation im bürgerlichen Rechte ist eine bloß ideelle; die im peinlichen eine reelle; denn die Negation, die auf eine Totalität geht, ist darum real; ich bin im Besitze des Eigentums eines andern, ohne Raub oder Diebstahl, sondern weil ich es als mein und rechtlicherweise behaupte; so anerkenne ich die Besitzfähigkeit des andern; aber Gewalt, Diebstahl sind gegen dieses Anerkennen; sie sind bezwingend, gehen auf das Ganze; sie heben die Freiheit auf, und die Realität des Allgemeinseins, des Anerkanntseins; wenn das Verbrechen nicht das Anerkennen leugnete, so könnte es das, was es vollbringt, ebenso gut andern, dem Allgemeinen überlassen.

Die bürgerliche Gerechtigkeit geht darum bloß auf die Bestimmtheit; die peinliche muß außer der Bestimmtheit auch die Negation der Allgemeinheit und die an dieser ihre Stelle gesetzte Allgemeinheit aufheben, Entgegensetzung gegen die Entgegensetzung; dieses Aufheben ist die S t r a f e, und sie ist bestimmt gerade nach der Bestimmtheit, in welcher die Allgemeinheit aufgehoben worden ist.

[1] *Original: Absatz*
[2] *Original: kein Absatz*

I. Bürgerliche [Strafe], II. peinliche [Strafe], III. Krieg; hier ist Allgemeinheit und Einzelheit eins, und das Wesen ist diese Totalität; in I. ist das Wesen Allgemeinheit, in II. Einzelnheit, [in] III. die Identität; das Volk wird der Verbrecher, der in II. ist, und opfert den Besitz von I. auf; schlägt sich auf die Seite des Negativen von I. und II., für den ersten Stand gehört III. – |

C.
Drittes System der Regierung

In diesem ist das Allgemeine das Absolute, und rein als solches das Bestimmende; im ersten ist es das rohe, bloß quantitative weisheitlose Allgemeine, im zweiten die Allgemeinheit des Begriffs, die formelle, das Anerkennen. Für das absolut Allgemeine ist also auch die Differenz, welche es in seiner Bewegung aufhebt, eine oberflächliche formelle, und das Wesen der Differenten ist die absolute Allgemeinheit; so wie im ersten das Wesen des Differenten das Gefühl, Bedürfnis und Genuß ist; im zweiten, ein Einzelnes, formell Absolutes zu sein; das Allgemeine, die Ursache, ist seinem Wesen nach bestimmt, wie das Besondere.

I. Erziehung. II. Bildung, und Zucht; jenes Talente, Erfindungen, Wissenschaft – formell; reell ist das Ganze, das absolut Allgemeine, das in sich sich Bewegende des Volks, das absolut Bildende, wahre absolute Realität der Wissenschaft; Erfindungen gehen nur auf Einzelnes, so wie die einzelnen Wissenschaften, und wo diese als die Philosophie absolut sind, doch ganz ideell; die Bildung in der Wahrheit, mit Vernichtung alles Scheins ist das sich bildende und besprechende und bewußte Volk; – das andere ist Polizei, als Zucht im Einzelnen; die große Zucht sind die allgemeinen Sitten, und die Ordnung, und die Bildung zum Kriege, und die Prüfung der Wahrhaftigkeit des Einzelnen an ihm.

III. Kinderzeugung; das als dieses Volk sich selbst Objektivwerden; daß die Regierung, das Volk ein anderes Volk hervorbringt. Kolonisation.

Mögliche Formen einer freien Regierung. I. Demokratie. II. Aristokratie. III. Monarchie; jede ist fähig, unfrei zu sein; I.

Ochlokratie; II. Oligarchie; III. Despotie; das Äußere, Mechanische ist dasselbe; den Unterschied macht das Verhältnis der Regierung zum Regierten; ob das Wesen dasselbe und die Form der Entgegensetzung nur oberflächlich ist. |

Die Monarchie ist die Darstellung der absoluten Realität der Sittlichkeit, in einem Individuum, die Aristokratie in mehrern; sie unterscheidet sich von der absoluten Verfassung, durch Erblichkeit, mehr noch durch Besitztum; und weil sie die Form der absoluten, und nicht ihr Wesen hat, ist sie die schlechteste. – Die Demokratie ist die Darstellung in allen, also Vermischung des Besitzes damit, und nicht Absonderung des absoluten Standes. Für die absolute Verfassung ist [die] Form der Aristokratie oder Monarchie gleichgültig; sie ist auch Demokratie in den Ständen.

In der Monarchie muß eine Religion neben dem Monarchen stehen; er ist die Identität des Ganzen, aber in empirischer Gestalt; und je empirischer er ist, je barbarischer das Volk, desto mehr hat sie Gewalt und konstituiert sich unabhängiger; je mehr das Volk eins mit sich selbst, der Natur und Sittlichkeit wird, desto mehr nimmt es das Göttliche in sich, und verliert an dieser ihm widerstehenden Religion; und geht dann durch die Versöhnung mit der Welt und sich selbst durch die Phantasielosigkeit der Irreligion, und des Verstandes durch.

In der Aristokratie ist dies ebenso, aber um ihrer Väterlichkeit, des allgemeinen Begriffs willen, ist wenig Phantasie und Religion.

In der Demokratie [ist] zwar absolute Religion, aber unbefestigte, oder vielmehr Naturreligion; das Sittliche ist mit dem Natürlichen verbunden, und die Verknüpfung der objektiven Natur macht sie für den Verstand zugänglich; für das Setzen der Natur als ein Objektives – Epikureische Philosophie; – die Religion muß rein sittlich sein; so die Phantasie der absoluten Religion, so die Kunst, welche einen Jupiter, Apollo, Venus produziert hat; nicht die Homerische, wo Jupiter, Juno die Luft, Neptun das Wasser ist; – diese Trennung muß vollständig sein; die sittliche Bewegung Gottes absolut, nicht Verbrechen und Schwächen, sondern absolutes Verbrechen, der Tod.

Jenaer Kritische Schriften (I)
Differenz des Fichteschen und Schellingschen Systems der Philosophie – Rezensionen aus der Erlanger Literatur-Zeitung – Maximen des Journals der Deutschen Literatur.
Nach dem Text von GW, Bd. 4 neu herausgegeben von Hans Brockard und Hartmut Buchner.
PhB 319a. 1979. XXVII, 180 S. Kt.

Jenaer Kritische Schriften (II)
Wesen der philosophischen Kritik – Gemeiner Menschenverstand und Philosophie – Verhältnis des Skeptizismus zur Philosophie – Wissenschaftliche Behandlungsarten des Naturrechts.
Nach dem Text von GW, Bd. 4 neu herausgegeben von Hans Brockard und Hartmut Buchner.
PhB 319b. 1983. XXXIX, 212 S. Kt.

Jenaer Kritische Schriften (III)
Glauben und Wissen
Nach dem Text von GW, Bd. 4 neu herausgegeben von Hans Brockard und Hartmut Buchner.
PhB 319c. 1986. XXII, 156 S. Kt.

Bitte fordern Sie unser aktuelles Gesamtverzeichnis an und besuchen Sie unsere website unter www.meiner.de

FELIX MEINER VERLAG
RICHARDSTRASSE 47 WWW.MEINER.DE
D-22081 HAMBURG INFO@MEINER.DE

Jenaer Systementwürfe I
Das System der spekulativen Philosophie
Fragmente aus Vorlesungsmanuskripten zur Philosophie der Natur und des Geistes
Nach dem Text von GW, Bd. 6 neu herausgegeben von Klaus Düsing und Heinz Kimmerle.
PhB 331. 1986. XXXVII, 286 S. Kt.

Jenaer Systementwürfe II
Logik, Metaphysik, Naturphilosophie
Nach dem Text von GW, Bd. 7 neu herausgegeben von Rolf-Peter Horstmann.
PhB 332. 1982. XXXIV, 388 S. Kt.

Jenaer Systementwürfe III
Naturphilosophie und Philosophie des Geistes
Nach dem Text von GW, Bd. 8 neu herausgegeben von Rolf-Peter Horstmann.
PhB 333. 1987. XXXVII, 319 S. Kt.

FELIX MEINER VERLAG
RICHARDSTRASSE 47 WWW.MEINER.DE
D-22081 HAMBURG INFO@MEINER.DE